**Fundamentos dos esportes
individuais de alto rendimento**

EDITORA
intersaberes

O selo DIALÓGICA da Editora InterSaberes faz referência às publicações que privilegiam uma linguagem na qual o autor dialoga com o leitor por meio de recursos textuais e visuais, o que torna o conteúdo muito mais dinâmico. São livros que criam um ambiente de interação com o leitor – seu universo cultural, social e de elaboração de conhecimentos –, possibilitando um real processo de interlocução para que a comunicação se efetive.

Fundamentos dos esportes individuais de alto rendimento

Thiago Farias da Fonseca Pimenta

EDITORA intersaberes

Rua Clara Vendramin, 58 • Mossunguê • CEP 81200-170 • Curitiba • PR • Brasil
Fone: (41) 2106-4170 • www.intersaberes.com • editora@editoraintersaberes.com.br

Conselho editorial
Dr. Ivo José Both (presidente)
Dr.ª Elena Godoy
Dr. Neri dos Santos
Dr. Ulf Gregor Baranow

Editora-chefe
Lindsay Azambuja

Gerente editorial
Ariadne Nunes Wenger

Preparação de originais
Gilberto Girardello Filho

Edição de texto
Mille Foglie Soluções Editoriais

Capa
Laís Galvão (*design*)
sportpoint/Shutterstock (imagem)

Projeto gráfico
Luana Machado Amaro

Diagramação
Juliane Ramos

Equipe de *design*
Luana Machado Amaro

Iconografia
Regina Claudia Cruz Prestes
Sandra Lopis da Silveira

Dados Internacionais de Catalogação na Publicação (CIP)
(Câmara Brasileira do Livro, SP, Brasil)

Pimenta, Thiago Farias da Fonseca
  Fundamentos dos esportes individuais de alto rendimento/Thiago Farias da Fonseca Pimenta. Curitiba: InterSaberes, 2020. (Série Corpo em Movimento)

  Bibliografia.
  ISBN 978-65-5517-739-8

  1. Educação física 2. Esportes 3. Esportes – Treinamento 4. Preparação física I. Título. II. Série.

20-40779   CDD-613.7

Índices para catálogo sistemático:

Esportes: Preparação física: Educação física   613.7

Cibele Maria Dias – Bibliotecária – CRB-8/9427

1ª edição, 2020.

Foi feito o depósito legal.

Informamos que é de inteira responsabilidade do autor a emissão de conceitos.

Nenhuma parte desta publicação poderá ser reproduzida por qualquer meio ou forma sem a prévia autorização da Editora InterSaberes.

A violação dos direitos autorais é crime estabelecido na Lei n. 9.610/1998 e punido pelo art. 184 do Código Penal.

Sumário

Apresentação · 11
Como aproveitar ao máximo este livro · 13

Capítulo 1
Esporte, desporto, exercício ou atividade física? · 19

1.1 Caracterizações e diferenciações dos esportes individuais no Brasil nos campos acadêmico e legal · 22
1.2 Classificações das modalidades esportivas · 38
1.3 Características gerais e distinções dos esportes individuais combinados e não combinados: diferenças na preparação física para os esportes individuais · 44

Capítulo 2
Características das preparações físicas e a técnica nos esportes individuais · 51

2.1 Aspectos pedagógicos: ensino-aprendizagem das diferentes habilidades motoras envolvidas nos esportes individuais · 54
2.2 Aspectos motores: aquisição do comportamento motor ideal de acordo com o tipo de modalidade · 63
2.3 Aspectos físicos: qualidades de base e especiais · 67
2.4 Teoria da adaptação aplicada à preparação física para os esportes individuais · 70
2.5 Adaptações anuais e de longo prazo · 83

Capítulo 3
Sistema de competições nos esportes individuais • 95
3.1 Tipos de competições esportivas individuais • 98
3.2 Fundamentação das competições esportivas em modalidades individuais • 101
3.3 Variáveis das competições esportivas que influenciam a *performance* do atleta • 106
3.4 Fatores determinantes para os resultados da atividade competitiva • 115
3.5 Estratégia e tática nas competições de modalidades individuais • 118

Capítulo 4
Preparação física, técnica e psicológica nos esportes individuais • 129
4.1 Preparação física: qualidades gerais e especiais • 132
4.2 Aspectos volitivos na preparação do atleta: condições de ansiedade e estresse • 137
4.3 Preparação técnica e melhoria do controle motor • 146
4.4 Montagem anual do treinamento esportivo com periodização • 157

Capítulo 5
Metodologia do treinamento de força nos esportes individuais • 175
5.1 Treinamento de força: características e transversalidade • 178
5.2 Especificidade da força e aplicabilidade em diferentes tarefas • 183
5.3 Metodologia do treinamento de força segundo diferentes concepções • 186
5.4 Periodização do treinamento de força • 195
5.5 Sessões de treinamento da qualidade física força • 202

Capítulo 6
Metodologia do treinamento de resistência para os esportes individuais • 211

6.1 Definição, características e aplicabilidade da qualidade física resistência • 214
6.2 Resistência geral • 215
6.3 Resistência específica • 217
6.4 Periodização do treinamento de resistência • 220
6.5 Sessões de treinamento da qualidade física resistência • 222

Considerações finais • 233
Referências • 235
Bibliografia comentada • 251
Respostas • 253
Sobre o autor • 259

Gostaria de agradecer às pessoas que tornaram possível a realização desta obra:

Ao Dr. Marcos Ruiz, pela oportunidade ímpar.

Ao Dr. André Brauer, pelas constantes sugestões que foram essenciais para a elaboração do conteúdo apresentado.

Ao Dr. Stefane Dias, pelos materiais disponibilizados ao longo do processo de escrita.

Ao Ms. Gabriel Feijó, pelo auxílio nas correções, que foram muitas.

Ao excelente time da Editora InterSaberes, pelo profissionalismo que demonstrou em todo o percurso de execução do trabalho.

Meu muito obrigado!

Apresentação

Neste livro, evidenciaremos os principais conceitos relativos ao processo de preparação física nas modalidades esportivas individuais. No Capítulo 1, além de categorizarmos as variáveis científicas envolvidas no treinamento, descortinaremos as classificações do esporte no Brasil, bem como suas características legais e burocráticas, para posteriormente elencarmos os diferentes conceitos que permeiam o esporte no país. Isso permitirá a você, leitor, compreender as razões das dificuldades enfrentadas pelo desporto e a importância de um modelo burocrático de gestão esportiva para o treinamento e a preparação física. Afinal, o sistema de treinamento e competições de alto rendimento está diretamente relacionado aos determinantes legais.

Já no Capítulo 2, apresentaremos os aspectos pedagógicos, técnicos e físicos das modalidades esportivas individuais, a fim de que você, futuro(a) técnico(a) ou preparador(a) físico(a), seja capaz de evidenciar as variáveis pedagógicas, motoras e físicas do processo de treinamento desses esportes, instrumentalizando-se para iniciar o processo de planejamento.

No Capítulo 3, abordaremos a necessidade de se superar as classificações do desporto combinando-as nos sistemas de competições. Interessa-nos, portanto, compor o processo de preparação física e técnica ao ápice do esporte: as competições.

Na sequência, no Capítulo 4, trataremos do planejamento do treinamento anual, abrangendo diferentes variáveis desse processo, tais como as preparações física, técnica, tática e psicológica nos esportes individuais. Isso porque o treinamento pressupõe uma orientação racional das cargas ao longo das temporadas, sendo essencial conhecer sua fundamentação teórica.

Em seguida, no Capítulo 5, focaremos o processo de preparação da qualidade física força, apresentando a metodologia tradicional e o que há de mais recente no que diz respeito ao treinamento dessa qualidade nos esportes individuais. Além de apresentar as categorizações, buscaremos instrumentalizá-lo, leitor, para planejar e desenvolver sessões de treinamento para a força nos esportes individuais.

Por fim, no Capítulo 6, enfatizaremos o planejamento do treino e o desenvolvimento da qualidade física resistência, elencando suas variáveis e especificidades no caso dos esportes individuais.

Em toda esta obra, nosso intuito é evidenciar os pressupostos científicos que sustentam o processo de treinamento e preparação para os esportes individuais. Dessa forma, compreendemos que alguns dos futuros profissionais do desporto e da Educação Física são (ou foram) comprometidos com diversas modalidades desportivas. Se, por um lado, isso pode se provar satisfatório, por outro, pode impactar negativamente o processo de desenvolvimento e preparação, uma vez que há uma tendência em treinar outros atletas da mesma forma como foram treinados.

Obviamente, muitas informações tiveram que ser deixadas de lado nesta obra por não constituírem área de interesse desta abordagem. Contudo, nas páginas a seguir, citaremos diferentes autores e estudos que poderão servir de fonte de consulta. Assim, salientamos a grande relevância dos estudos interdisciplinares para sua melhor formação e para a contribuição às modalidades desportivas individuais no Brasil.

Bons estudos!

Como aproveitar ao máximo este livro

Empregamos nesta obra recursos que visam enriquecer seu aprendizado, facilitar a compreensão dos conteúdos e tornar a leitura mais dinâmica. Conheça a seguir cada uma dessas ferramentas e saiba como elas estão distribuídas no decorrer deste livro para bem aproveitá-las.

Introdução do capítulo

Logo na abertura do capítulo, informamos os temas de estudo e os objetivos de aprendizagem que serão nele abrangidos, fazendo considerações preliminares sobre as temáticas em foco.

Síntese

Ao final de cada capítulo, relacionamos as principais informações nele abordadas a fim de que você avalie as conclusões a que chegou, confirmando-as ou redefinindo-as.

Atividades de autoavaliação

Apresentamos estas questões objetivas para que você verifique o grau de assimilação dos conceitos examinados, motivando-se a progredir em seus estudos.

Atividades de aprendizagem

Aqui apresentamos questões que aproximam conhecimentos teóricos e práticos a fim de que você analise criticamente determinado assunto.

Bibliografia comentada

Nesta seção, comentamos algumas obras de referência para o estudo dos temas examinados ao longo do livro.

Acho que deveríamos nos perguntar primeiro sobre as condições históricas e sociais da possibilidade deste fenômeno social que aceitamos muito facilmente como algo óbvio, o "Esporte moderno".

Pierre Bordieu, em *Questões de sociologia*

Capítulo 1

Esporte, desporto, exercício ou atividade física?

O esporte, sem dúvidas, é um dos fenômenos mais expressivos da modernidade. As peculiaridades do mundo do esporte interessam a historiadores, sociólogos, antropólogos, economistas, administradores, filósofos, técnicos, professores e profissionais de Educação Física, que se preocupam em compreender suas variantes.

Trata-se, também, de uma forma de representação da realidade, por evidenciar que suas práticas, embora tenham certos elementos em comum (como a competição e a busca constante pela vitória), não são vivenciadas da mesma forma. Isso quer dizer que sua assimilação e sua prática variam de acordo com a posição social do sujeito ou com o tipo de esporte (seja por sua classificação legal ou por sua tipologia acadêmica).

Portanto, ao adentrar no campo esportivo – como atleta, técnico ou profissional de Educação Física –, é muito importante compreender que o treinamento e a preparação física e técnica, em geral, são as expressões de sua contextualização. Claramente, é quase impossível se tornar um bom técnico ou preparador físico sem saber o que é o esporte ou o que ele significa.

Nesse sentido, conhecê-lo está para além da habilidade de evidenciar seus padrões de movimento ou suas especificidades técnicas e físicas. Em verdade, estende-se a reconhecer seus significados, sua história, suas definições acadêmicas, legais e burocráticas, bem como suas influências no processo de preparação do atleta.

Além do historicismo ou de uma protogeografia do esporte, já tratado por diversos autores, muitos alinhados a correntes antagônicas, o que importa neste capítulo introdutório é responder à seguinte pergunta: O que é esporte?

1.1 Caracterizações e diferenciações dos esportes individuais no Brasil nos campos acadêmico e legal

Primeiramente, devemos ressalvar que os profissionais e futuros profissionais de Educação Física devem se resguardar do abismo das nomenclaturas. Portanto, de início, focaremos as classificações esportivas.

Ao longo de sua formação, é provável que você tenha observado que em Educação Física existem muitos conceitos que, até o momento em que você passou a se dedicar aos estudos na área, eram aparentemente fáceis de se compreender. Todavia, neste momento de seus estudos, você certamente notou que muito do que se fala nos meios de comunicação sobre esporte, atividade física e exercício físico não é, necessariamente, consensual.

É fato que muitas pessoas, especialmente quando são leigas no assunto, costumam confundir os termos, até certo ponto comuns nas ciências da saúde. Um desses termos é *atividade física*.

A Organização Mundial da Saúde (OMS), no documento Folha Informativa n. 385, define *atividade física* como "qualquer movimento corporal produzido pelos músculos esqueléticos que requeiram gasto de energia – incluindo atividades físicas praticadas durante o trabalho, jogos, execução de tarefas domésticas, viagens e em atividades de lazer" (OMS, 2014).

Por sua vez, em uma reunião do Projeto Longitudinal de Envelhecimento e Aptidão Física de São Caetano do Sul, os principais estudiosos brasileiros sobre o assunto entraram em consenso e definiram *atividade física* como "qualquer movimento corporal produzido em consequência da contração muscular que resulte em gasto calórico" (Matsudo; Matsudo; Barros Neto, 2001, p. 2).

Outro conceito importante e muitas vezes confundido é o de exercício físico. De acordo com a OMS, *exercício físico* é "uma subcategoria da atividade física e é atividade planejada, estruturada, repetitiva e tem como objetivo melhorar ou manter um ou mais componentes do condicionamento físico" (OMS, 2014). A aptidão física se refere a "uma característica que o indivíduo possui ou atinge, como a potência aeróbica, *endurance* muscular, força muscular, composição corporal e flexibilidade" (Matsudo; Matsudo; Barros Neto, 2001, p. 2). Aparentemente, os conceitos são complementares.

Sob essa ótica, fica a pergunta: Quando se pratica um esporte, está-se realizando um exercício físico? Afinal, nem sempre a prática desportiva regular tem como objetivo melhorar ou manter um ou mais componentes do condicionamento físico. O que dizer dos grupos que jogam sua "pelada" aos finais de semanada em caráter recreativo? E do atleta de alto rendimento que, no momento de sua prática, objetiva a vitória e os prêmios?

1.1.1 Tratamento do desporto nos campos acadêmico e legal

O treinamento do atleta deve ser estruturado, planejado e repetitivo, com o objetivo de melhorar ou manter um ou mais componentes do condicionamento físico. Contudo, a aptidão física, como consequência desse exercício físico, não é o objetivo final do esporte profissional, mas, sim, a vitória. Logo, para o atleta, a aptidão física é uma consequência do processo de treinamento, e não o fim em si mesmo, como deveria ser o exercício físico para a população em geral.

Ficou confuso? Há uma razão para isso: quando se fala de saúde, atividade física, exercício físico, aptidão física e esporte, adentra-se sempre em um terreno de muitos contrasensos.

Considere, por exemplo, a associação do exercício físico com a saúde. Carlos Magallanes Mira (2003, p. 169) afirma que "entre exercício físico e saúde existem inter-relações, interações, retroações complexas e recíprocas, mas não uma relação positiva de causa-efeito. De maneira geral, é a saúde que conduz à atividade e ao exercício físico e não o contrário". Fica evidente que, para o autor, a proposição de que a atividade física e o exercício físico melhoram a saúde do praticante deve ser reconsiderada, uma vez que, segundo ele, são as pessoas saudáveis que tendem a buscar o exercício físico – ou seja, é mais difícil para uma pessoa doente fazer o mesmo.

Perceba que atividade física, exercício físico, aptidão física e saúde estão direta ou indiretamente relacionadas ao esporte como o conhecemos atualmente, sendo indissociáveis. É importante compreender isso para que possamos iniciar nossa trajetória rumo aos processos de treinamento nos esportes individuais.

Nesse sentido, nós, profissionais e futuros profissionais de Educação Física, devemos compreender que a estrutura do processo de treinamento de qualquer esporte está diretamente relacionada à forma como ele é visto em âmbito legal. Afinal, o desporto é um direito garantido pela Constituição Federal de 1988 (Brasil, 1988), ou seja, conta com um dispositivo legal que objetiva sua regulação e controle, bem como a segurança do atleta. Dessa forma, os estados e municípios têm leis específicas para sua regulação. Logo, por existir juridicamente, está apto a receber subsídios federais, estaduais e municipais.

No contexto legal, o esporte também passou por processos históricos que interferem diretamente em suas manifestações. Reconhecê-los é essencial para o profissional de Educação Física. Nessa perspectiva, é relevante ressaltar que não enfatizaremos a história do esporte brasileiro; contudo, cabe observar o processo de formação de um pensamento jurídico nesse âmbito e como ele interfere na estrutura de preparação e competições.

Desde que o Brasil começou a se destacar no cenário internacional desportivo na década de 1920, especialmente com os títulos da seleção brasileira de futebol na Copa América (1919 e 1922), surgiu uma quantidade considerável de variáveis que, até então, careciam de determinantes jurídicos para resolvê-las.

Até os anos 1930, o esporte não era considerado prática condizente com o profissionalismo. Assim, no intuito de regular a matéria, foram criados os primeiros atos normativos: a Lei n. 91, de 28 de agosto de 1935; a Lei n. 378, de 13 de janeiro de 1937 (que criou a Divisão de Educação Física do Ministério da Educação); os Decretos-Leis n. 526 (criou o Conselho Nacional de Cultura, ao qual estava subordinada a Educação Física) e n. 527 (garantiu ao esporte o apoio da União), ambos de 1 de julho de 1938; e o Decreto-Lei n. 1.056, de 19 de janeiro de 1939, primeiro ato legal inteiramente dedicado ao esporte, que criou a Comissão Nacional de Desporto (CND) (Brasil, 1935; 1937; 1938a; 1938b; 1939).

Paralelamente, os primeiros cursos de formação em Educação Física foram lançados na mesma década, havendo em seus programas de disciplinas a preocupação com a formação de um profissional técnico desportivo. Portanto, o nascimento jurídico do esporte foi concomitante à formação em Educação Física.

1.1.2 O conceito de esporte

Abordaremos agora o conceito de esporte e, com base nele, explicaremos o que é a preparação desportiva. Antes, porém, retomaremos o percurso histórico do tema. Os primeiros sinais de manifestações corporais imbuídas de regras específicas apareceram em quase todos os territórios habitados pelas primeiras civilizações e tinham um objetivo: o culto ao invisível, ou seja, estavam associados à religiosidade (Pimenta; Marchi Jr., 2007).

Entretanto, de acordo com Tubino (2017), o termo *esporte* foi cunhado somente no século XIV pelos marinheiros que, ao desembarcarem dos portos para fazerem práticas corporais, diziam que saíam para se "desportar".

Na Alemanha do pós-Segunda Guerra, os termos *leibeserziehung* e *körpererziehung* (ambos em português equivalem a "Educação Física") confundiam-se com a ideia de esporte. No entanto, por questões ideológicas, optou-se pela mudança para o termo *sportunterricht*, ou somente *sport*. Na França, manteve-se a diferenciação entre *sport* e *education physique*. Nos EUA, também foram mantidos como conceitos diferentes as expressões *physical education*, *sport* e *recreation*. Na Itália, prevaleceu o termo *sport*, e na Espanha, a palavra *deporte*. Na antiga União Soviética, *esporte* e *Educação Física* fazem parte da grande área denominada *fizcultura*, ou cultura física.

No Brasil, o termo *desporto* tornou-se o padrão, conforme o esporte é definido em Portugal. A palavra em questão se manteve desde a promulgação do primeiro determinante legal dedicado especificamente ao tema, o Decreto -Lei n. 3.199, de 1941 (Brasil, 1941). Entretanto, entre os brasileiros, usualmente opta-se pela palavra *esporte*, talvez pela influência da língua inglesa.

Sob essa ótica, de acordo com Melo (2010, p. 46):

> Em linhas gerais, os ingleses, no decorrer de seis séculos (do XV ao XX), promoveram mudanças conceituais ao redor de uma mesma palavra (sport); os franceses, nos séculos XIX-XX, passaram a usar o mesmo termo dos ingleses; os portugueses, depois de também utilizarem por um tempo o mesmo termo (no século XIX), mudaram os sentidos e passaram a usar, no século XX, uma palavra já existente desde o século XVIII (desporto); os brasileiros usaram o termo em inglês (século XIX), depois utilizaram o novo sentido da palavra desporto (início do século XX), mas também a traduziram para esporte (mais comum a partir da metade do século XX).

Evidenciamos, então, que o termo *esporte* tem uma história rica. Mais importante, porém, conforme muitos autores, é defini-lo com base em suas características sócio-históricas.

Para Barbanti (2006), o esporte moderno deve ser entendido como fenômeno institucionalizado, incluindo elementos que o caracterizam como tal:

- padronização das regras;
- cumprimento das regras observado por organizações específicas;
- importância dos aspectos técnicos;
- formalização da aprendizagem das habilidades.

Bracht (1997) divide os autores que consideram o esporte fenômeno sociocultural em:

- pesquisadores que compreendem o esporte como um fenômeno histórico que evoluiu de práticas corporais lúdicas, ou seja, que creem em uma **continuidade** do fenômeno;
- autores que tomam o fenômeno esportivo como produto de uma ruptura entre as práticas lúdicas que passaram por um processo de esportivização.

Entre os autores adeptos da perspectiva continuísta, há a crença de que o fenômeno esportivo atual é uma evolução das antigas práticas corporais lúdicas das sociedades pré-industriais. Em contrapartida, os adeptos da perspectiva da ruptura afirmam que o esporte é recente, tendo surgido do rompimento entre as manifestações corporais clássicas que se ressignificaram e adquiriram um caráter secular. Daí ser incongruente afirmar que o futebol nasceu quando guerreiros chutavam os crânios de seus inimigos – alegação corrente em antigas referências sobre a história desse esporte.

Para Tubino (2002), a análise do esporte deve ser apoiada no seguinte tripé:

1. análise das estruturas e relações sociais objetivas do esporte;
2. análise dos efeitos da atividade esportiva sobre o indivíduo que permitiu a alienação esportiva;
3. análise da ideologia política esportiva, que propiciou a crítica da mistificação esportiva.

Ao refletirmos sobre essas formas de pensar o esporte, percebemos que existem perspectivas que se cruzam, como: secularismo, igualdade de oportunidades, especialização, racionalização, burocratização, quantificação e busca de recordes (Guttmann, 2004).

No contexto sociológico, autores clássicos – de Karl Marx e a Escola de Franckfurt a Max Weber – e contemporâneos – de Norbert Elias a Pierre Bourdieu – deram suas contribuições ao estudo desse fenômeno, de forma direta ou indireta.

Não é nosso escopo, nesse momento, abordarmos com profundidade esses referenciais que contribuíram de forma essencial para o estudo do esporte, mas ilustrar que, por sua complexidade, ele pode ser estudado por diversas áreas do conhecimento científico e por diferentes frentes teóricas.

1.1.3 Esporte e ciência

Quando afirmamos que o desporto pode ser estudado por diversas áreas científicas, reconhecemos sua complexidade. Assim, entendemos que qualquer conclusão de um problema concreto no âmbito desportivo, como a melhoria do rendimento no arremesso de dardo no atletismo, ou na corrida de 100 m rasos, não pode ser realmente obtida mediante uma análise unilateral.

Nessa ótica, o estudo de problemáticas concretas no desporto deve ser averiguado sem o véu do orgulho científico. Analisar as dificuldades enfrentadas por atletas brasileiros que os impedem de sustentar uma marca abaixo de 10 s nos 100 m rasos, por exemplo, não deve passar somente pela quantificação dos tipos de fibras musculares recrutadas na tarefa, na quantidade de ATP + CP (adenosinatrifosfato + fosfocreatina) ou no volume total de treinamento despendido. Essa análise tem de levar em conta também os obstáculos para se criar uma cultura esportiva no Brasil, bem como os problemas enfrentados pelos técnicos desportivos de diversos estados e municípios deste país, os quais precisam realizar uma intervenção profissional, improvisando materiais. Deve, ainda, ter em consideração os muitos casos de professores de Educação Física escolar que não dispõem de espaço físico para desenvolver suas atividades.

Há, ainda, problemas de outra ordem. Quem trabalha com esportes ou quem foi atleta certamente recorda que muitos de seus treinadores ou professores de Educação Física não lançavam mão de um planejamento de aula ou treinamento bem-definido. Logo, o improviso era a sustentação de sua prática.

No que se refere aos aspectos científicos da análise, vale fazermos uma concisa retomada histórica para explicarmos como a ciência se aproximou do esporte.

É sabido que a ciência evoluiu de concepções embasadas em explicações de ordem mística e religiosa. As primeiras tentativas de explicar os fenômenos naturais de forma racional foram registradas entre os gregos, principalmente no período helenístico (323 a.C.-146 a.C.), quando o mito ainda era incontestável.

Os seguidores de Pitágoras (570 a.C.-495 a.C.) acreditavam que os fenômenos naturais se sustentavam sobre princípios matemáticos; Parmênides (530 a.C.-460 a.C.) inseriu a ideia de um universo imutável; Demócrito (460 a.C.-370 a.C.) propunha que a movimentação dos átomos dava origem aos fenômenos, inclusive ao próprio homem; e Sócrates (469 a.C.-399 a.C.), Platão (428 a.C.-348 a.C.) e Aristóteles (385 a.C.-323 a.C.), apesar de terem visões diferentes e se concentrarem em objetos de apreciação distintos, colocavam o homem no cerne de toda a discussão.

Durante a Idade Média, grande parte da produção intelectual sob o domínio da Igreja Católica. Além disso, as explicações dos fenômenos se embasavam em uma perspectiva não racional, teocentrista. São Tomás de Aquino propunha uma relação de harmonia entre o racionalismo aristotélico e o pensamento cristão medieval, inaugurando o paradigma tomista.

Na transição da Idade Média para a Idade Moderna, ocorreu o Renascimento, com significativas contestações e o início de uma revolução científica. Nomes como Nicolau Copérnico (1473-1543), Francis Bacon (1561-1626), Galileu Galilei (1564-1642), René Descartes (1596-1650) e Isaac Newton (1643-1727) tornaram-se referências da revolução científica, com seu pensamento mecanicista, empirista e racional.

Essa época ficou marcada pelo valor dado a dois pressupostos: ao **empirismo**, o qual "supõe a primazia do objeto em relação ao sujeito, isto é, o conhecimento deve ser produzido a partir da forma como a realidade se apresenta ao cientista" (Carvalho et al., 2007, p. 5), em que o conhecimento se dá, primordialmente, pelas experiências dos sentidos; e ao **racionalismo cartesiano**, segundo o qual a razão é a origem do conhecimento.

Nesse sentido, de acordo com Sousa Santos (2018, p. 18):

> *A consciência filosófica da ciência moderna, que tivera no racionalismo cartesiano e no empirismo baconiano as suas principais formulações, veio a condensar-se no positivismo oitocentista, dado que, segundo este, só há duas formas de conhecimento científico – as disciplinas formais da lógica e a da matemática e as ciências empíricas segundo o modelo mecanicista das ciências naturais.*

O esporte moderno surgiu, então, em paralelo à consolidação desses dois paradigmas que deram consistência à ciência moderna do século XIX. Não é certo afirmar que o esporte derivou do conhecimento científico, mas é razoável considerar que os paradigmas científicos proporcionaram significativas contribuições às análises modernas e contemporâneas sobre o processo de treinamento desportivo.

Para esclarecermos essa afirmação, propomos que você busque nas palavras de René Descartes citadas a seguir algo familiar a sua forma de pensar ou àquilo que declararam já muitas vezes seus professores ou treinadores no que concerne ao treinamento desportivo. De acordo com o filósofo, é necessário seguir quatro preceitos para se fazer ciência:

> *Não aceitar jamais alguma coisa como verdadeira que 'eu' não conhecesse evidentemente como tal; Dividir cada uma das dificuldades que 'eu' examinasse em tantas parcelas possíveis e que fossem necessárias para melhor resolvê-las; Conduzir por ordem os pensamentos, começando pelos objetos mais simples e mais fáceis de conhecer até o conhecimento dos mais compostos; e por fim, fazer em toda parte enumerações tão completas, e revisões tão gerais, até ter certeza de nada omitir.* (Descartes, 2009, p. 54)

A base de seu racionalismo está na incredulidade, na dúvida. Sob essa ótica, "A única coisa que para ele não havia dúvidas era a sua existência como um ser pensante, pois sempre afirmava 'penso, logo existo'" (Ribeiro; Lobato; Liberato, 2010, p. 30).

Consideremos um dos pressupostos cartesianos presentes no excerto de Descartes: "Dividir cada uma das dificuldades que 'eu' examinasse em tantas parcelas possíveis e que fossem necessárias para melhor resolvê-las" (Descartes, 2009, p. 54). Sugerimos aplicar esse pressuposto ao treinamento desportivo. Quantas vezes você já ouviu falar sobre a importância de se ensinar os fundamentos do esporte? Provavelmente, você também começou pelos "fundamentos". Logo, ensinar uma prática esportiva iniciando por seus fundamentos é uma amostra do método cartesiano aplicado.

Agora, analisemos outro pressuposto: "Conduzir por ordem os pensamentos, começando pelos objetos mais simples e mais fáceis de conhecer até o conhecimento dos mais compostos" (Descartes, 2009, p. 54). Aplique isso ao esporte: começar dos movimentos mais simples e depois passar para os mais complexos. Mas isso seria errado? Não necessariamente, e aí está a dificuldade de se quebrar um paradigma. Seria possível pensar o treinamento esportivo de outra forma a não ser a de uma perspectiva cartesiana? A resposta é sim.

Para Paes (2006), não se deve mais tratar o esporte de maneira simplista, limitando-se à prática de "sequências pedagógicas centradas nos gestos técnicos preocupados somente com as tarefas de decomposição e repetição de movimentos" (Paes, 2006, p. 171).

Nessa reflexão, verifica-se uma forte crítica ao paradigma cartesiano aplicado à pedagogia do esporte. *Grosso modo*, esse tipo de crítica ao modelo racional de se pensar a pedagogia do esporte e a preparação física nasceu com o movimento das ciências humanas aplicadas à Educação Física, o qual surgiu após sua crise epistemológica em 1980. A filosofia, a história, a sociologia e a antropologia foram fundamentais para que profissionais de Educação Física, nas posições de técnicos desportivos e preparadores físicos, repensassem suas intervenções no esporte.

A ciência do treinamento desportivo foi assim desenvolvida. Nesse sentido, de acordo com Almeida, Almeida e Gomes (2000), a história do treinamento desportivo segue a seguinte ordem cronológica:

- **1º – Período do Empirismo – Duração:**
    - dos métodos arcaicos de preparação física das antigas civilizações;
    - até o surgimento do Renascimento (século XV).
- **2º – Período da Improvisação – Duração:**
    - do surgimento do Renascimento (século XV)
    - até as I Olimpíadas da Era Moderna (1896 – Atenas)
- **3º – Período da Sistematização – Duração:**
    - das I Olimpíadas da Era Moderna (1896 – Atenas)
    - até as XI Olimpíadas (1936 – Berlim)
- **4º – Período Pré-Científico – Duração:**
    - das XI Olimpíadas (1936 – Berlim)
    - até as XIV Olimpíadas (1948 – Londres)
- **5º – Período Científico – Duração:**
    - das XIV Olimpíadas (1948 – Londres)
    - até as XXI Olimpíadas (1972 – Munique)
- **6º – Período Tecnológico – Duração:**
    - Das XX Olimpíadas (1972 – Munique)
    - Até as XXV Olimpíadas (1992 – Barcelona)
- **7º – Período do Mercantilismo Desportivo – Duração:**
    - A partir das XXV Olimpíadas (1992 – Barcelona). (Almeida; Almeida; Gomes, 2000, p. 41, grifos do original)

O desenvolvimento científico relativo à área de Educação Física e esportes ocorreu após a Segunda Guerra Mundial. Conforme relatam Barbanti, Tricoli e Ugrinowitsch (2004), a expressão *ciência do esporte* surgiu na Alemanha, na década de de 1970. Entretanto, a ciência do esporte em si chegou ao Brasil apenas na década de 1980, com os cursos de pós-graduação.

Além de definir as particularidades de cada período, cabe ao profissional de Educação Física reconhecer suas heranças nos métodos de treinamento esportivo utilizados ainda hoje. Pense, por exemplo, em quantas vezes você já ouviu falar que, para realizar a preparação física[1] de um atleta de lutas, é preciso ter lutado? Você concorda com essa afirmação? E quanto ao futebol, a corrida e a natação? Você também acha que precisa ser um praticante da modalidade para se tornar um bom preparador físico? Se acredita nisso, por que existem essas disciplinas na graduação em Educação Física?

Não se preocupe em dar respostas imediatas para essas perguntas. O que você precisa considerar é que a ciência da preparação física deve lhe dar subsídios para trabalhar com qualquer modalidade desportiva.

Ressaltamos que no esporte ainda prevalece o que Rugiu (1998) chamou de "método artesanal", o qual se constitui por três características particulares:

1. os aprendizes, em essência, aprendem fazendo;
2. uma imagem valorizada do professor;
3. as atividades práticas são consideradas tão formativas do caráter quanto os estudos formais.

Sintetizando essas características, é possível afirmar que o "saber fazer" ainda está diretamente associado ao treinamento esportivo.

1.1.4 Tratamento jurídico do esporte no contexto brasileiro

O esporte sofreu influência direta dos processos de transformação política, burocrática e acadêmica, por meio dos quais suas estruturas de treinamento agregaram todos os fatores que tendemos a chamar de *cultura*.

---

[1] As modalidades de lutas realmente possuem características próprias. Seu ensino só deve ser feito por um professor com larga experiência prática, certificado por sua federação. Entretanto, não se aplica, necessariamente, à preparação física.

Nesse sentido, como citamos no início deste capítulo, a Constituição Federal de 1988 tornou-se um marco para o esporte, pois foi a primeira vez que se atribuiu relevância jurídica ao tema. Em seu art. 217, inciso III, o texto legal diferencia o desporto profissional do desporto não profissional (Brasil, 1988). Uma inovação introduzida pela Carta Magna é a não exclusividade da União para seu tratamento, permitindo que estados e o Distrito Federal também criem leis para orientar a matéria (Brasil, 1988).

Posteriormente, dois determinantes legais foram significativos para o esporte, uma vez que tiveram como prerrogativa sua normatização. A primeira foi a Lei n. 8.672, de 6 de julho de 1993, conhecida como *Lei Zico*. Suas inovações foram: instituir normas gerais sobre o esporte; traçar parâmetros mais democráticos; conceituar o esporte como prática corporal também com viés de saúde e qualidade de vida (Brasil, 1993).

Outra inovação observada nessa lei diz respeito à forma de classificação do desporto, conforme exposto no art. 1º:

Art. 1º [...]

§ 1º A prática desportiva formal é regulada por normas e regras nacionais e pelas regras internacionais aceitas em cada modalidade.

§ 2º A prática desportiva não formal é caracterizada pela liberdade lúdica de seus praticantes. (Brasil, 1993)

No art. 3º do mesmo texto legal se acrescenta:

I – desporto educacional, através dos sistemas de ensino e formas assistemáticas de educação, evitando-se a seletividade, a hipercompetitividade de seus praticantes, com a finalidade de alcançar o desenvolvimento integral e a formação para a cidadania e o lazer;

II – desporto de participação, de modo voluntário, compreendendo as modalidades desportivas praticadas com a finalidade de contribuir para a integração dos praticantes na plenitude da vida social, na promoção da saúde e da educação e na preservação do meio ambiente;

III – desporto de rendimento, praticado segundo normas e regras nacionais e internacionais, com a finalidade de obter resultados e integrar pessoas e comunidades do país e estas com outras nações; (Brasil, 1993)

Já em 1998 foi publicado um novo determinante legal sobre o desporto brasileiro: a Lei n. 9.615, de 24 de março de 1998 (Brasil, 1998a), conhecida como *Lei Pelé*. Esse determinante:

- reafirma os princípios constitucionais;
- mediante a Lei n. 10.672/2003, inclui princípios aplicáveis à exploração e à gestão do desporto;
- foca o futebol;
- mantém as três classificações até então já observadas na Lei Zico (desporto de participação, desporto educacional e desporto de rendimento), entretanto, mediante a Lei n. 13.155/2015, inclui o desporto de formação, caracterizado "pelo fomento e aquisição inicial dos conhecimentos desportivos que garantam competência técnica na intervenção desportiva, com o objetivo de promover o aperfeiçoamento qualitativo e quantitativo da prática desportiva em termos recreativos, competitivos ou de alta competição" (Brasil, 1998a).

Em 29 de dezembro 2006, foi promulgada a Lei n. 11.438, também chamada de *Lei de Incentivo ao Esporte*, que seguiu a prerrogativa constitucional e também estabeleceu uma diferenciação entre desporto profissional e não profissional (Brasil, 2006).

Também é relevante recordarmos que a Educação Física se tornou a área encarregada de atuar sobre o esporte. Nesse sentido, a Lei n. 9.696, de 1 de setembro de 1998, que regulamenta a Educação Física, é muito clara neste aspecto:

Art. 3º Compete ao Profissional de Educação Física coordenar, planejar, programar, supervisionar, dinamizar, dirigir, organizar, avaliar e executar trabalhos, programas, planos e projetos, bem como prestar serviços de auditoria, consultoria e assessoria, realizar treinamentos especializados, participar de equipes multidisciplinares e interdisciplinares e elaborar informes técnicos, científicos e pedagógicos, todos nas áreas de atividades físicas e do **desporto**. (Brasil, 1998b, grifo nosso)

Esse fato em grande medida explica o aumento do número de escolas de formação de Educação Física, conforme evidencia o Gráfico 1.1, a seguir.

Gráfico 1.1 Aumento absoluto do número de cursos de Educação Física

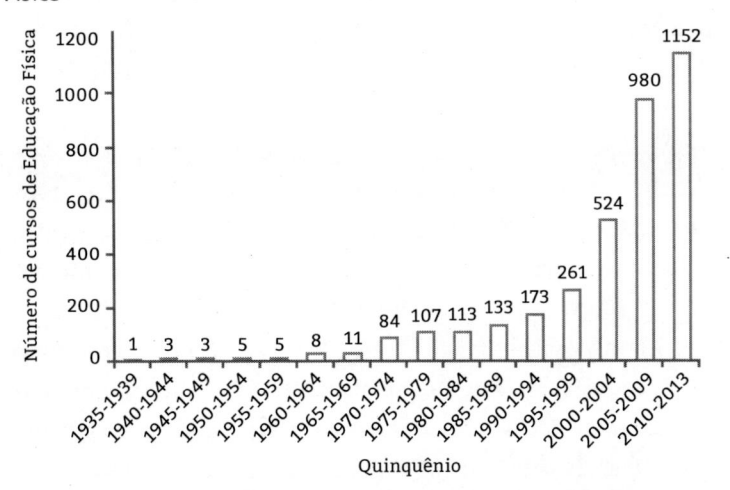

Fonte: Corrêa et al., 2015, p. 30.

Ao visualizarmos o gráfico, podemos afirmar que, a partir da década de 1990, houve um aumento exponencial do número de cursos de Educação Física no Brasil. Atrelado ao fato de a área adquirir o monopólio da preparação física e do treinamento esportivo, nessa época ocorreram grandes investimentos para o ensino particular, associados à lei da regulamentação da profissão.

1.2 Classificações das modalidades esportivas

Até este ponto do capítulo, abordamos as relações entre aptidão física e exercício físico, bem como as definições sócio-históricas, as perspectivas jurídicas desportivas no Brasil, a participação da Educação Física com o esporte, além da filosofia e da história da ciência com o treinamento desportivo. Nesta seção, abordaremos as classificações dos esportes de acordo com suas especificidades motoras.

Primeiramente, precisamos explicar como são classificadas as modalidades esportivas para, depois, atermo-nos aos esportes individuais. Talvez você já saiba que os esportes têm suas classificações por motivos muito objetivos; por exemplo, por ser necessário que o governo tenha critérios mais justos ao desenvolver políticas públicas, sendo elas federais, estaduais ou municipais, e até mesmo para selecionar bolsas de auxílio para os atletas.

Além disso, é essencial que o professor, técnico ou o preparador físico seja capaz de definir suas estratégias de ação, as quais devem estar embasadas nas características motoras, físicas e cognitivas de certa modalidade; portanto, é imperativo saber a qual grupo ela pertence.

Vale, então, explicitarmos as particularidades das modalidades desportivas individuais, em especial de acordo com suas várias especificidades exigidas pelas práticas.

O esporte, em geral, conta com diversos sistemas de classificação, criados por pensadores, acadêmicos e filósofos. Estes se dedicaram a dar suas contribuições para que a leitura dos elementos esportivos fosse cada vez mais didática, no sentido de melhorar a prática do formador, do técnico desportivo e, por conseguinte, a *performance* desportiva.

Podemos destacar autores como Parlebas, Hernández, Schmidt, Wrisberg, entre outros. De acordo com Parlebas (1988, citado por González, 2006), as modalidades esportivas podem ser classificadas conforme disposto a seguir.

- De acordo com sua estrutura de interação:
  - esportes individuais em que não há interação com o oponente;
  - esportes individuais em que há interação com o oponente:
  - esportes coletivos em que não há interação com o oponente;
  - esportes coletivos em que há interação com o oponente.
- De acordo com o local de realização:
  - esportes com local padronizado ou estabilidade ambiental;
  - esportes sem local padronizado ou estabilidade ambiental.
- De acordo com a ênfase no desempenho:
  - esportes de marca;
  - esportes estéticos;
  - esportes de precisão.
- De acordo com a ênfase nos princípios básicos do jogo:
  - esportes de combate;
  - esportes de campo e taco;
  - esportes de rede, quadra dividida ou muro;
  - esportes de invasão ou territoriais.

Por sua vez, Tubino (2017) procurou classificar os esportes segundo dimensões sociais:

- esporte educação;
- esporte participação;
- esporte *performance*.

Percebemos que as classificações do esporte seguem algumas lógicas específicas pensadas por cada autor. Assim sendo, convém apresentarmos outros tipos de classificação nas subseções que seguem.

1.2.1 Classificação dos esportes segundo a estrutura de ações motoras

Uma divisão das modalidades esportivas está diretamente relacionada com a estrutura e requisitos motores, os quais, inevitavelmente, determinam suas demandas fisiológicas. Sob esse critério, de acordo com Platonov (2008), os esportes podem ser divididos em modalidades:

- **cíclicas** – em que a estrutura dos movimentos é constantemente feita de ciclos estereotipados, com repetição dos movimentos (natação, remo, patinação);
- **acíclicas** – em que se verifica grande diversidade nas atividades motoras, sem repetição de movimento (lutas, ginástica, jogos).

Outra importante classificação citada por Platonov (2008) se refere às provas desportivas de acordo com a interação dos atletas e suas ações. Nesse viés, elas podem ser: individual; dependentes das ações do grupo; dependentes da sincronia do grupo; dependentes da funcionalidade do grupo. Já as suas ações relacionadas a essa classificação podem ser diretas, indiretas e com risco de traumas. Para melhor compreensão, observe o Quadro 1.1, a seguir.

Quadro 1.1 Classificação das modalidades, disciplinas e provas desportivas de acordo com a interação dos atletas

Caráter de interação dos atletas	Ação		
	Indireta	Direta	Com risco de traumas
Individual	Arremesso e lançamentos no atletismo, halterofilismo, patinação artística.	Provas de corrida do atletismo, natação etc.	Boxe, vários tipos de luta, esgrima.
Dependente das ações somadas do grupo	Competições em equipe no pentatlo, na ginástica rítmica etc.	–	Corrida de revezamento no atletismo e no esqui.
Dependente da sincronia do grupo	*Bobsled* (em dupla, em grupo de quatro), competição em trenó (de dois lugares).	Remo (em equipe).	–
Dependente da funcionalidade do grupo	Patinação artística, dança etc.	Tênis, tênis de mesa (em dupla), voleibol.	Ciclismo (em equipe), futebol, hóquei, handebol, basquetebol etc.

Fonte: Elaborado com base em Platonov, 2008, p. 111.

A classificação proposta por Platonov (2008) evidencia a necessidade de reconhecer os sistemas de competição. Isso significa que o processo de interação dos atletas mediante a aquisição de dados estatísticos concretos pode potencializar o treinamento, tornando-o mais específico.

1.2.2 Classificação das modalidades esportivas segundo o ambiente

Uma importante classificação dos elementos motores no esporte está associada ao ambiente da prática. Quando se fala em ambiente, faz-se referência ao grau de previsibilidade envolvido. Considerando esse aspecto, Schmidt e Wrisberg (2010) propõem a seguinte classificação:

- **Habilidades fechadas** – São aquelas praticadas em ambientes com alto grau de previsibilidade, nas quais o atleta se concentra exatamente na execução de sua tarefa. Por exemplo, a natação. O atleta precisa se concentrar na tarefa de nadar mais rápido e chegar ao final. Já na ginástica artística, o atleta se concentra em executar sua série exaustivamente ensaiada. Nesse caso, o atleta também tem tempo para tomar decisões ao longo de sua apresentação.
- **Habilidades abertas** – São executadas em ambientes com baixo grau de previsibilidade, em que o atleta no treinamento não sabe como seu adversário se comportará. Exemplos são os jogos em geral e a luta. Nesse tipo de ambiente, de acordo os atletas, os executantes devem ser capazes de ler o ambiente para ajustar o movimento de forma muito rápida.

Assim como as outras definições de habilidades, as que se fundamentam no nível de previsibilidade ambiental têm suas vantagens. Elas permitem orientar o técnico e o preparador físico quanto ao volume de treino total aplicado a determinado tipo de movimento. Para exemplificar, consideremos o boxe. Sabendo que se trata de uma modalidade de combate com a predominância de habilidades abertas, o técnico precisa orientar seu planejamento de treino com a ênfase na tarefa a ser produzida mais vezes pelo atleta durante uma competição. Em outras palavras, deve considerar a quantidade de tempo que precisa investir em golpes no saco de pancada ou nas manoplas com alto grau de previsibilidade, em detrimento do tempo investido com um treino que vise à imprevisibilidade da luta em si.

Direcionemos esse exemplo para o processo de iniciação desportiva. Afinal, em atividades como o tênis, quanto tempo é necessário investir no ensino dos fundamentos do esporte de caráter previsível e o quanto é necessário investir na inteligência do jogo em si?

Outra questão relevante nesse tipo de classificação diz respeito às modalidades as quais podem ter um grau de imprevisibilidade maior do que outras, mesmo sendo predominantemente previsíveis (fechadas) – como a natação. Nadar em uma piscina aquecida, sozinho ou com poucos competidores, seguindo a raia, é diferente de competir em uma travessia feita no mar, onde o atleta pode enfrentar ondas, além da temperatura da água, do vento, do clima e das puxadas de calção de seus oponentes.

Há a possibilidade também de separar os esportes em sem estabilidade ambiental (praticados em espaços não padronizados) ou esportes com estabilidade ambiental (praticados em espaços padronizados). Os primeiros se referem às modalidades praticadas em ambientes imprevisíveis, isto é, mais abertos, como os jogos e as lutas; o outro grupo engloba as modalidades mais previsíveis, ou seja, fechadas, como as corridas.

Obviamente, não é correto tornar essa classificação estanque. Devem ser reconhecidas suas limitações, por exemplo: uma corrida de *cross country* de 10 km é mais imprevisível do que uma prova com a mesma distância realizada em uma pista de atletismo.

1.3 Características gerais e distinções dos esportes individuais combinados e não combinados: diferenças na preparação física para os esportes individuais

Neste momento, talvez você esteja ponderando que falar de modalidades esportivas não é tão simples quanto parecia. Reconhecer as variáveis envolvidas na modalidade na qual você é o técnico ou preparador físico é essencial para a definição e sistematização do treinamento.

Reconhecendo isso, nos próximos capítulos, apresentaremos a você, leitor, as variáveis que demandam o planejamento de treinamento para esportes individuais. No entanto, deve estar claro desde já que as definições de esportes partem de um princípio que ultrapassa a mera atribuição de nomes estranhos. Elas servem para facilitar o trabalho do profissional de Educação Física. Contudo, a realidade desportiva é mais complexa, por conta da existência das modalidades ditas *combinadas*.

A combinação pode ser dada pelo:

- **espaço de prática** – modalidades esportivas que têm espaços diversos de prática na mesma competição, como pista, rua e meio líquido (piscina ou mar), a exemplo do triatlo;
- **nível de previsibilidade ambiental** – modalidades que demandam atividades previsíveis e imprevisíveis, como o pentatlo moderno, que além das atividades previsíveis cíclicas, como a corrida, também abarca hipismo e esgrima;
- **tipo de tarefa** – modalidades que demandam atividades cíclicas, acíclicas, habilidades discretas, seriadas e contínuas;
- **tipo de qualidade física** – por exemplo, o pentatlo moderno, que contém o tiro, além da esgrima, da corrida e do hipismo;

- **tipo de atividade** – como o decatlo, triatlo, pentatlo e *cross training*;
- **tipo de qualidade física requerida** – força, velocidade, resistência etc. Os exemplos são os mesmos da combinação anterior.

Novamente, é possível perceber que algumas modalidades apresentam mais de um tipo de combinação. De qualquer modo, a pergunta que fica é a seguinte: Como realizar o processo de treinamento dessas modalidades?

Uma afirmação imediata seria simplista. No entanto, é razoável considerar que apenas pela estrutura de suas combinações fica difícil pensar na importante variável da especificidade.

Os modelos de preparação física para essas modalidades estão entre os mais difíceis de serem organizados e mantidos. Entretanto, o que facilita o processo é sua sistematização competitiva. Geralmente, as principais competições do ano são em número reduzido, permitindo aos atletas um tempo de preparação maior do que o tempo de competição. Tal realidade é impossível em modalidades comerciais coletivas, como o futebol.

Esse tempo mais extenso permite que o planejamento seja focado na preparação de diversas qualidades físicas, denominadas *qualidades de base*, associadas à aproximação à realidade competitiva. Nesse cenário, o período de preparação desses condicionantes gerais é maior do que os condicionantes específicos. Isso ocorre porque as vias metabólicas, bem como todo o corpo do atleta, são altamente exigidas nesse tipo de competição.

Para esclarecermos, propomos analisar por exemplo, o que ocorre com os triatletas. Machado et al. (2010) observaram que a concentração de creatina quinase – importante marcador bioquímico de lesão – aumenta significativamente em atletas de Ironman imediatamente após a competição e mantém-se alta até cinco dias após a competição, comprovando o quanto esse tipo de modalidade exige de seus atletas.

Já Bezem e Bezem (2009) averiguaram que, de 163 triatletas competidores de Ironman, 42,1% dos atletas lesionaram-se. Os autores informam que 59,2% foram lesões graves, comprovando que a competição pode potencializar lesões.

Atualmente, o *cross training* é considerado uma modalidade esportiva de alto rendimento e que abrange todas as qualidades físicas. Diferentemente das outras modalidades esportivas – combinadas ou não –, no sistema do *cross training*, o atleta fica sabendo como será a competição poucas horas antes.

Isso exige do atleta um processo de preparação geral diferenciado, pois o princípio da modalidade é não ter especialidades. Logo, os atletas precisam ser bons em todas as qualidades físicas, o que demanda um processo de preparação altamente complexo e que exija todos os tipos de força, bem como de resistência, além de flexibilidade e coordenação na execução dos movimentos ginásticos. Essa realidade dificulta sobremaneira o processo de preparação, que precisa seguir um sistema racional de acompanhamento de volume e intensidade do treinamento. A esse respeito, em um estudo realizado com atletas de *cross training*, Hak, Hodzovic e Hickey (2013) verificaram que 73% dos participantes relataram ter se lesionado durante a prática. Os autores também informaram que, criticamente, 7% dessas lesões necessitaram de cirurgia. No entanto, ainda não é possível afirmar com segurança que a prática desse tipo de modalidade tem altos índices de lesão, pois ainda carecemos de estudos na área.

▌▌▌ *Síntese*

Neste capítulo, evidenciamos que pensar o esporte, para um profissional de Educação Física, não é tão simples. Também demonstramos que diversos foram os fatores históricos que contribuíram para a constituição da ciência desportiva. Além disso, comentamos que a ciência no esporte nasceu de pressupostos tradicionais, e que existem pesquisas que buscaram mudar a perspectiva de análise do processo de preparação e iniciação desportiva. Destacamos, então, alguns pontos para sua reflexão:

- Os conceitos de atividade física, exercício físico e aptidão física são fundamentais para se pensar o processo de preparação física e esportiva.
- O processo de formação histórica da legislação desportiva brasileira, associado à história política do país, deixou heranças marcantes, especialmente no que se refere ao incentivo ao esporte brasileiro, assim como à formação e preparação profissional para lidar com esse fenômeno.
- Existem diversas definições de esporte.
- Há diversos tipos de esporte, e classificá-los é essencial para que o técnico e o preparador físico iniciem o processo de preparação.

Atividades de autoavaliação

1. A Organização Mundial da Saúde (OMS, 2014), em documento intitulado Folha Informativa n. 385, define o conceito de atividade física. A esse respeito, assinale a seguir a alternativa que apresenta esse conceito:

    a) Qualquer movimento corporal que demande certo grau de energia.
    b) Movimentos corporais específicos do esporte.
    c) Qualquer movimento corporal, à exceção dos movimentos realizados no ambiente de trabalho.
    d) Qualquer movimento corporal, à exceção dos movimentos realizados durante o lazer.
    e) Qualquer atividade.

2. O conceito de esporte passou por diversas transformações ao longo dos séculos. Neste sentido, é correto afirmar que:
   a) apesar de terem se modificado ao longo dos séculos, os conceitos de esporte seguem representando a intenção de proporcionar atividades alegres para seus praticantes.
   b) o conceito de esporte se manteve inalterado ao longo dos séculos; o que mudou foram suas formas de apropriação.
   c) o conceito de esporte e o esporte em si passaram por processos de rupturas e/ou continuísmos, evidenciando que ele não é o mesmo e continua em evolução.
   d) apesar de o esporte ter modificado seus conceitos ao longo dos séculos, ainda é possível afirmar que manifestações espetaculares da Idade Média, como as justas, ou as batalhas entre os gladiadores na Roma Antiga, podem ser comparadas ao conceito atual de esporte.
   e) O esporte em si é um conceito fixo que pouco se modificou ao longo dos anos.

3. A ciência e a pesquisa estão presentes no esporte, da fisiologia do exercício à história e sociologia. Sob essa ótica, assinale a alternativa correta:
   a) O empirismo deu origem ao pensamento científico aplicado ao esporte.
   b) O racionalismo deu origem ao pensamento científico aplicado ao esporte, e suas convicções se mantêm até hoje sem contestações.
   c) O racionalismo deu origem ao pensamento científico aplicado ao esporte, e suas convicções vêm sendo cada vez mais contestadas ao longo do tempo.
   d) O empirismo deu origem ao pensamento científico aplicado ao esporte, e suas convicções vêm sendo cada vez mais contestadas ao longo do tempo.
   e) O racionalismo e o empirismo permearam a concepção científica desportiva atual.

4. Diversos autores se preocuparam em classificar as modalidades esportivas no sentido de instrumentalizar o profissional da preparação. Considerando isso, assinale a alternativa correta:

   a) O surfe é uma modalidade previsível cíclica.
   b) O ato de velejar individualmente em competição caracteriza-se como uma modalidade imprevisível.
   c) A luta é uma modalidade imprevisível e cíclica.
   d) O halterofilismo é um esporte imprevisível cíclico.
   e) O automobilismo é um esporte previsível cíclico.

5. A Educação Física sempre esteve atrelada ao esporte, especialmente em seu processo de formação profissional. Assinale, a seguir, a alternativa correta no que se refere a essa relação entre esporte e Educação Física no Brasil:

   a) O processo de formação profissional para o esporte de alto rendimento começou com os cursos específicos de esporte surgidos em meados da década de 1980 com os militares.
   b) O processo de formação profissional para o esporte de alto rendimento teve início com os cursos militares integrados à formação em Educação Física.
   c) O processo de formação profissional para o esporte de alto rendimento teve início com os cursos civis surgidos na década de 1940, integrados à formação em Educação Física.
   d) No processo de formação profissional em Educação Física, a preocupação com o técnico esportivo não era tão determinante.
   e) O processo de formação profissional para o esporte de alto rendimento teve início com os métodos ginásticos.

Atividades de aprendizagem

Questões para reflexão

1. Neste capítulo, demonstramos que o processo histórico legal do esporte brasileiro deixou heranças importantes para o modo como pensamos e tratamos o esporte no país. Dessa forma, reflita sobre como a legislação esportiva atual pode interferir no processo de formação de atletas.

2. Evidenciamos que a perspectiva racional cartesiana teve grandes influências na ciência moderna, inclusive na ciência esportiva. Contudo, atualmente temos observado uma forma mais complexa de se pensar a estrutura de preparação esportiva. Nesse sentido, indique como o método cartesiano é aplicado à estrutura de preparação do atleta e, posteriormente, pondere como seria possível superar essa perspectiva. Para esta atividade, utilize como exemplo uma modalidade esportiva individual.

Atividade aplicada: prática

1. Procure um profissional de Educação Física que trabalhe com uma modalidade de esporte individual e peça a ele que cite ao menos três exemplos de como sua intervenção profissional é afetada pela legislação esportiva. Em seguida, troque ideias com seus pares para verificarem os possíveis obstáculos legais enfrentados por esses profissionais.

Capítulo 2

Características das preparações físicas e a técnica nos esportes individuais

A **nomenclatura** dos esportes oferece uma perspectiva relacionada a cada modalidade. Nesse sentido, a pergunta básica à qual procuraremos responder neste capítulo é: Para que servem tantas possibilidades de classificação? Para responder a esse questionamento, é preciso ter em mente que um dos elementos para a montagem de um treinamento refere-se às especificidades físicas de cada modalidade. Entretanto, muitos se esquecem de que tais elementos estão diretamente inter-relacionados. Dito de outo modo, os determinantes físicos se vinculam aos determinantes motrizes, caracterizando o que chamamos de *técnica esportiva*.

Com o intuito de reconhecer essas características, faz-se necessário recorrer a mais classificações que, em sua natureza, podem ser unidimensionais ou bidimensionais. Empreenderemos, então, essa abordagem nas seções que compõem este capítulo.

2.1 Aspectos pedagógicos: ensino-aprendizagem das diferentes habilidades motoras envolvidas nos esportes individuais

Neste momento, averiguaremos os aspectos pedagógicos dos esportes, em especial os sistemas de classificações voltados às habilidades motoras envolvidas. O reconhecimento desses modelos de classificação será essencial para tratarmos das especificidades dos sistemas de treinamento.

2.1.1 Sistema de classificação unidimensional de habilidades

Além de classificar o esporte por suas modalidades, é essencial ter clareza sobre o fato de que cada uma conta com um arcabouço de habilidades específico requerido por seus elementos técnicos. Isso significa que um bom profissional do esporte tem de reconhecer as diferentes demandas para cada tipo de modalidade, as quais podem ser fisiológicas, motoras, cognitivas ou volitivas. Para cada tipo de modalidade e de competição, há um conjunto de demandas que precisam ser levadas em consideração pelo profissional do esporte.

Alinhando-nos a essa perspectiva, nesta seção, analisaremos as múltiplas formas de caracterizações unidimensionais das habilidades motoras e, por consequência, suas relações com os esportes.

Magill (2008) divide as habilidades motoras de características unidimensionais da seguinte maneira, considerando as dimensões da musculatura envolvida:

- **Habilidades motoras grossas/globais**: geralmente, são habilidades que exigem menor precisão. De acordo com Magill (2008), as habilidades motoras fundamentais (correr, saltar, arremessar, caminhar) inserem-se nessa divisão.

- **Habilidades motoras finas**: requerem maior controle de musculatura menor, como aquelas envolvidas na coordenação mãos-olhos e que demandam alto grau de precisão (desenhar, pintar, costurar).

É importante compreender que essa classificação é simples exatamente para permitir que profissionais do movimento tenham à disposição ferramentas úteis e práticas que guiem suas intervenções, a exemplo de fisioterapeutas e profissionais de Educação Física que trabalham com reabilitação motora ou professores de Educação Física infantil.

Entretanto, no caso dos esportes, essa classificação pode atrapalhar em alguns momentos. Pense, por exemplo, como classificar um *backhand* do tênis. Trata-se de um movimento que demanda habilidades grossas/globais, pois envolve um grande conjunto de grupamentos musculares; mas também exige um alto grau de coordenação mãos-olhos para ser bem executado.

Nesse sentido, é difícil orientar uma intervenção em um treinamento de *backhand*, uma vez que o movimento em si não significa muita coisa sem um alto grau de precisão por parte do executor (tanto para acertar a bola com a raquete quanto para acertar o local correto do lado da quadra do adversário).

O mesmo problema ocorre com o lançamento de dardo no atletismo, que necessita de um alto grau de coordenação para que o objeto seja arremessado na correta angulação. Ainda, isso se aplica ao salto com vara, esporte que demanda um alto grau de velocidade de corrida associado à precisão para acertar a vara no ponto de encaixe e imprimir o movimento coordenado para ultrapassar o sarrafo.

Logo, fica evidente que em diversas modalidades esportivas em que há o envolvimento de grandes grupamentos musculares associados com a precisão, essa classificação pode ter limitações na elaboração do treinamento.

Outra classificação para as habilidades podem se referir à diferenciação de movimentos (Magill, 2008) ou ao tipo de tarefa (Schmidt; Wrisberg, 2010):

- **Habilidades motoras discretas** – Aquelas cujos movimentos têm início e fim bem-definidos, como ligar e desligar um interruptor, acionar o pedal de uma embreagem etc.
- **Habilidades motoras seriais ou seriadas** – Aquelas que consistem em uma sequência de habilidades discretas. O ato de dar partida em um automóvel configura-se como uma habilidade serial/seriada, uma vez que exige uma quantidade de movimentos simples, como ligar o carro, pisar na embreagem, engatar a marcha etc.
- **Habilidades motoras contínuas** – geralmente, são movimentos repetitivos como correr, nadar etc.

Essa classificação pode ser muito útil no processo de definição de elementos motores para as modalidades esportivas, porém, elas perdem a validez quando classificamos a própria modalidade é classificada. Por exemplo: o ato de correr envolve uma passada (habilidade discreta), mas também exige a associação de várias passadas (habilidades seriadas); contudo, o ato de correr é repetitivo e tem como objetivo chegar a um ponto de chegada (habilidade contínua).

Considere, por exemplo, aqueles profissionais que trabalham com corrida de rua, triatlo ou atletismo. Partindo dessa classificação, podemos considerar que é possível seccionar os movimentos da corrida. Primeiramente, melhorando a coordenação motora nas passadas, utilizando-se de uma série de movimentos repetitivos que as simulem ou exercícios que permitam um melhor posicionamento de cintura escapular, evitando que o atleta se curve demais no ato da corrida, inibindo, assim, desgastes energéticos desnecessários – como costumeiramente se observa nos treinamentos de corredores.

A esse respeito, convém ressaltarmos dois conceitos importantes já comentados:

1. Esse exemplo é típico de uma metodologia cartesiana de treinamento, em que se toma o ato da corrida, dividindo-o em partes para trabalhá-las em separado. Lembre-se de que nem sempre o todo pode ser definido como a soma das partes.
2. De acordo com Magill (2008), certos fenômenos referentes à maneira como controlamos um movimento podem ser aplicáveis às habilidades discretas, podem não se aplicar às habilidades contínuas. Nem sempre que se desenvolve um treinamento específico para melhorar a força o grau de amplitude articular ou mesmo a coordenação de uma passada pode ser aplicável ao ato da corrida em si. Vale consultar, então, a proposição do autor quanto às habilidades classificadas pela importância relativa dos elementos motores e cognitivos:
   - **Habilidades cognitivas**: nas quais o sucesso no desempenho depende mais das ações cognitivas do que das ações motrizes – por exemplo, no xadrez.
   - **Habilidades motoras**: o sucesso no desempenho depende mais das ações motoras do que das ações cognitivas – por exemplo, o levantamento de peso olímpico (LPO).

Essa classificação pode ser muito útil para o técnico desportivo, pois auxilia na orientação do volume de treinamento total despendido para cada tipo de habilidade. No entanto, novamente se faz necessário reconhecer que tal divisão de habilidades é extrema. No esporte, não é possível afirmar que determinada modalidade desportiva é exclusivamente cognitiva ou motora.

Por exemplo, na luta, o atleta precisa conduzir seus ataques de acordo com uma estratégia predeterminada. Todavia, tendo em vista a imprevisibilidade da prática, ele pode se ver obrigado a conduzir suas ações táticas de forma diferente no momento do embate. O mesmo acontece com modalidades como o tênis, que demanda tomadas de decisões precisas e imediatas. No LPO, não é diferente. O técnico, em conjunto com o atleta, precisa tomar a importante decisão de quanto será sua saída (a carga levantada em uma competição) com antecedência, correlacionando-a com as cargas de seus oponentes. Em competições de alto rendimento, isso se torna uma batalha mental particular.

Nessa classificação é fundamental reconhecer o que é *determinante* para o sucesso na tarefa em detrimento do que seria *importante*. Nesse sentido, os elementos cognitivos e motores podem ser importantes para quase todos os tipos de modalidades, mas é necessário compreender quais realmente são determinantes para o sucesso.

2.1.2 Sistema de classificação bidimensional de habilidades

Certamente você percebeu que os sistemas de classificações das habilidades são importantes para o planejamento de treinamento de qualquer modalidade esportiva. Entretanto, tais classificações podem se tornar limitadas, pois não levam em consideração a complexidade do todo envolvido no esporte.

Criado primordialmente para auxiliar fisioterapeutas, o sistema de classificação bidimensional proposto por Gentile (1987) procura abarcar, na mesma classificação, o contexto ambiental e a função da ação. No que se refere ao contexto ambiental, é possível classificá-las em:

Condições reguladoras que podem ser:

- Estacionárias: Condições ambientais mais previsíveis como andar em uma calçada, dar a primeira tacada no golfe;
- Em movimento: Condições ambientais mais imprevisíveis como andar e em uma escada rolante, bater em uma bola que esteja em movimento.
- Contexto ambiental que pode ser:
- Variabilidade intertentativas – informa se as condições reguladoras durante o desempenho de habilidades são as mesmas (ausente) ou se variam (presente) de um desempenho para outro.
- Contexto ambiental estacionário Aspectos espaciais: o timing da ação é controlado pelo participante
- Contexto ambiental em movimento Aspectos espaciais e de timing: controle ambiental da ação. (Gentile, citado por Magill, 2008, p. 11)

Por seu turno, quanto à função da ação, elas podem ser categorizadas em transporte corporal e manipulação do objeto.

Para esclarecer essa divisão, apresentamos no Quadro 2.1 a taxonomia de habilidades motoras proposta por Gentile (1987).

Quadro 2.1 Taxonomia de habilidades motoras

Função da ação / Contexto ambiental	Transporte corporal: não / Manipulação de objeto: não	Transporte corporal: não / Manipulação de objeto: sim	Transporte corporal: sim / Manipulação de objeto: não	Transporte corporal: sim / Manipulação de objeto: sim
Condições reguladoras: estacionárias / Variabilidade intertentativas: não	1 Condições reguladoras estacionárias Sem variabilidades intertentativas Sem transporte corporal Sem manipulação de objeto	2 Condições reguladoras estacionárias Sem variabilidades intertentativas Sem transporte corporal Com manipulação de objeto	3 Condições reguladoras estacionárias Sem variabilidades intertentativas Com transporte corporal Sem manipulação de objeto	4 Condições reguladoras estacionárias Sem variabilidades intertentativas Com transporte corporal Com manipulação do objeto
Condições reguladoras: estacionárias / Variabilidade intertentativas: sim	5 Condições reguladoras estacionárias Com variabilidade intertentativas Sem transporte corporal Sem manipulação de objeto	6 Condições reguladoras estacionárias Com variabilidade intertentativas Sem transporte corporal Com manipulação de objeto	7 Condições reguladoras estacionárias Com variabilidade intertentativas Com transporte corporal Sem manipulação de objeto	8 Condições reguladoras estacionárias Com variabilidade intertentativas Com transporte corporal Com manipulação de objeto

(continua)

(Quadro 2.1 – conclusão)

Função da ação / Contexto ambiental	Transporte corporal: não / Manipulação de objeto: não	Transporte corporal: não / Manipulação de objeto: sim	Transporte corporal: sim / Manipulação de objeto: não	Transporte corporal: sim / Manipulação de objeto: sim
Condições reguladoras: em movimento / Variabilidade intertentativas: não	9 Condições reguladoras em movimento Sem variabilidades intertentativas Sem transporte corporal Sem manipulação de objeto	10 Condições reguladoras em movimento Sem variabilidades intertentativas Sem transporte corporal Com manipulação de objeto	11 Condições reguladoras em movimento Sem variabilidades intertentativas Com transporte corporal Sem manipulação de objeto	12 Condições reguladoras em movimento Sem variabilidades intertentativas Com transporte corporal Com manipulação de objeto
Condições reguladoras: em movimento / Variabilidade intertentativas: sim	13 Condições reguladoras em movimento Com variabilidade intertentativas Sem transporte corporal Sem manipulação de objeto	14 Condições reguladoras em movimento Com variabilidade intertentativas Sem transporte corporal Com manipulação de objeto	15 Condições reguladoras em movimento Com variabilidade intertentativas Com transporte corporal Sem manipulação de objeto	16 Condições reguladoras em movimento Com variabilidade intertentativas Com transporte corporal Com manipulação de objeto

Fonte: Magill, 2008, p. 11.

Perceba que existem 16 variáveis de classificação, sendo possível, portanto, classificar uma modalidade desportiva de acordo com essa taxonomia, abrangendo do mais simples ao mais complexo.

Magill (2008) propôs uma aplicação prática da taxonomia de Gentile. Como exemplo, podemos mencionar a função do profissional de Educação Física que desenvolve atividades de iniciação ao Muay Thai. Seguindo as proposições de Gentile (1987), é possível realizar a pedagogia do ensino de um chute semicircular da seguinte forma:

I. Versão fechada da prática que é predominantemente aberta. O técnico mantém as condições regulatórias estacionárias e sem variabilidade intertentativas = o aluno chuta o saco de pancada.

II. Mantém-se as condições reguladoras estacionárias, mas com variabilidade intertentativas = o aluno continua chutando o saco, mas com variações em sua altura em cada tentativa.

III. Mantém-se as condições reguladoras, mas agora em movimento, sem variabilidade intertentativas = o aluno é colocado para realizar um jogo de oposição em que ele realize apenas uma forma do chute.

IV. Finalmente, o técnico coloca o aluno em situação totalmente aberta, em que as condições reguladoras são em movimento e com variabilidades intertentativas = coloca-se o aluno em condição de luta e cobra-se as variáveis possíveis dos chutes para cada vez em que forem aplicados.

O ensino de novos elementos motores ou técnicos é uma constante nos esportes de alto rendimento, e a taxonomia de Gentile (1987) consiste em uma ferramenta fundamental para a orientação das ações.

2.2 Aspectos motores: aquisição do comportamento motor ideal de acordo com o tipo de modalidade

Depois de termos explicitado que os elementos físicos relacionados às habilidades no esporte definem a técnica esportiva e que ela deve ser vista de forma dialética com todos os elementos envolvidos com a *performance* desportiva, finalmente apresentamos as etapas de aquisição da técnica desportiva nos esportes individuais.

Para tanto, precisamos apresentar alguns conceitos basilares. Primeiramente, é fundamental que o profissional de Educação Física não confunda a técnica da modalidade esportiva com a técnica do próprio desportista, pois "a noção de 'técnica da modalidade desportiva' ou 'técnica desportiva', realmente não corresponde à noção de 'técnica de realização motora' ou 'preparação técnica'" (Platonov, 2008, p. 354).

Já evidenciamos que o ensino da técnica desportiva precisa ser pensado de forma complexa, isto é, em associação com os fatores volitivos, físicos e motores da tarefa a ser executada em situação de competição, a qual também pode ser modificada e interferir na *performance*. Por exemplo, a modificação das regras da luta greco-romana, ou mesmo no judô, associada às mudanças na cobranças da arbitragem, interfere significativamente na apropriação da técnica desportiva.

A esse respeito, Miarka (2016) mostrou que, nos campeonatos mundiais de luta greco-romana entre os anos de 2009 e 2011, os *takedowns*[1] foram os golpes mais aplicados. Com a mudança nas regras em 2013, as ações ofensivas determinantes passaram a ser aplicadas em pé, em especial o *gutwrenches*[2] e as variações do

---

[1] Técnicas de projeção ao solo.
[2] Técnicas de submissão.

suplex[3]. Evidencia-se, assim, que após a modificações das regras, as ações motoras ficaram mais rápidas e com maior variação.

Verkhoshansky (2001) afirma que alterações de ordem administrativa ou da base esportiva também podem alterar o foco e/ou as metodologias de treinamento. Isso significa que as organizações racional e científica também são determinantes na aquisição da técnica desportiva. Por essa ótica, consideremos a evolução do movimento dos gestos motores do salto em altura.

Em 1939, Semenovi, no livro *A biomecânica dos exercícios físicos*, apresentou o fundamento biomecânico da posição mais racional do corpo do saltador em altura. Mas foi apenas em 1969, nos Jogos Olímpicos do México, que um atleta – o norte-americano Dick Fosbury – realizou o salto se utilizando dos preceitos apresentados em 1939, e ganhou a medalha de ouro.

Na estrutura da preparação técnica, é necessário levar em conta os **movimentos e ações básicas** e os **movimentos e ações complementares**. Os primeiros se referem ao fundamento da ação técnica desportiva. Sem eles, não há gesto desportivo. Por sua vez, os movimentos complementares constituem elementos isolados, peculiares de cada atleta, ou seja, estão associados às características do indivíduo.

Para a aquisição dos elementos motores dos gestos desportivos, há três níveis da preparação técnica:

1. presença de representações motoras dos procedimentos e das ações e tentativas de concretizá-las;
2. surgimento da perícia motora;
3. formação da habilidade motora.

Nesse sentido, a perícia motora, bem como os resultados da técnica, sua eficácia, sua estabilidade e sua variabilidade são indicadores precisos da preparação técnica (Platonov, 2008).

---

[3] Técnica em que o lutador levanta o oponente colocando-o de pernas para o alto.

2.2.1 Métodos da preparação técnica

Diversos autores elencam procedimentos para a preparação técnica. Platonov (2008), por exemplo, considera que ela abrange seis etapas:

- *aumento do volume e da variedade das perícias e as habilidades motoras;*
- *garantia de elevada estabilidade e variabilidade racional nos movimentos especializados;*
- *sucessiva transformação dos procedimentos racionais assimilados em ações competitivas eficazes;*
- *aperfeiçoamento das estruturas dinâmicas e cinemática das ações motoras de acordo com as particularidades do desportista;*
- *aumento da segurança e da eficiência da técnica nas ações em condições competitivas extremas;*
- *aperfeiçoamento da maestria técnica de acordo com as exigências da prática desportiva e os avanços técnico-científicos.*

A conquista da **maestria técnica** consiste em desenvolver exercícios competitivos com variabilidade de instalações e equipamentos. Já o **aperfeiçoamento técnico** está relacionado à utilização de dois tipos de informações: básicas e complementares.

As **informações básicas** são captadas pelos proprioceptores (Figura 2.1), que reenviam as alterações na extensão muscular, informando o necessário grau de esforço aplicado ao gesto desportivo.

Figura 2.1 Proprioceptores – fuso muscular em corte longitudinal, localizado entre fibras musculares normais ou extrafusais

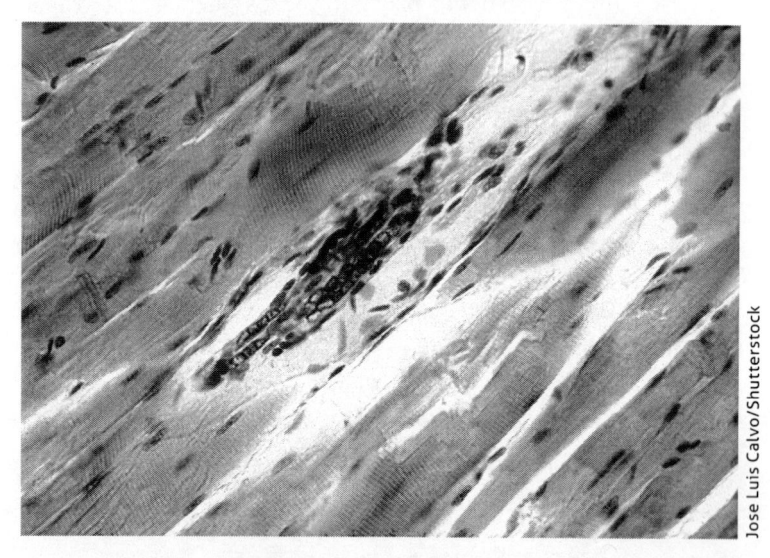

Por sua vez, as **informações complementares** são dirigidas inicialmente à consciência do atleta e são retransmitidas por relato ou representação, configurando-se como necessários *feedbacks* das ações motoras para sua possível correção.

Para o seguimento eficiente dos fatores corretivos relativos aos elementos motores, alguns procedimentos técnicos de análise de movimento devem ser observados. Nesse caso, a biomecânica faz contribuições mediante a:

- **cinemetria** – descreve movimentos de forma independente das forças que o produzem;
- **dinamometria** – realiza medidas de força e distribuição de pressão dos movimentos produzidos;
- **eletromiografia** – registra a atividade eletromiográfica;
- **antropometria** – determina as características do aparelho locomotor, como as dimensões das formas geométricas de segmentos corporais, a distribuição de massa, os braços de alavancas e posições articulares (Fontoura; Formentin; Abech, 2001).

2.3 Aspectos físicos: qualidades de base e especiais

Quando se fala em esportes individuais, está-se fazendo referência ao máximo que um indivíduo consegue proporcionar no momento da prática quanto às suas capacidades físicas. Durante uma competição, há apenas o atleta contra seus oponentes, contra a natureza ou contra si mesmo. Portanto, as capacidades levadas em consideração no recrutamento para as modalidades individuais são diferenciadas daquelas valorizadas nos esportes coletivos. Reconhecendo essa particularidade, nesta seção, analisaremos as capacidades físicas gerais e específicas, exemplificando suas aplicações nos desportos individuais.

Inicialmente, faz-se necessário reconhecer que as capacidades físicas atuam diretamente como interações complexas adaptativas no organismo humano, ou seja, seu desenvolvimento afeta as estruturas morfológicas, os órgãos e outros componentes.

A esse respeito, de acordo com Gomes (2009), ao interagir com o meio ambiente, o organismo responde internamente por meio de diferentes capacidades (propriedades). Isso significa que o corpo humano tem capacidades físicas natas, as quais podem ser desenvolvidas. O autor ainda destaca cinco tipos de capacidades físicas: "resistência, força, velocidade, flexibilidade e coordenação" (Gomes, 2009, p. 91). Por seu turno, Bompa (2001) se refere às capacidades físicas como **qualidades físicas** e, pensando na realidade esportiva, aponta a inter-relação entre as cinco qualidades, as quais dão origem a outras, definidas pelo autor como **qualidades biomotoras**.

Dessa forma, para facilitar na definição e possível orientação das qualidades esportivas de acordo com sua necessidade e especificidade, bem como para explicitar as qualidades esportivas dominantes e não dominantes, evidenciando suas possíveis combinações, Bompa (2001) propõe a seguinte classificação:

- **Força + resistência** – resistência muscular (capacidade para executar muitas repetições contra determinada resistência por um período prolongado).
- **Força máxima + velocidade** – potência (capacidade para realizar um movimento explosivo no menor tempo possível).
- **Resistência + velocidade** – resistência de velocidade (capacidade de manter-se em alta velocidade de movimento).
- **Velocidade + coordenação + flexibilidade + força** – agilidade (mudar o próprio corpo de posição no menor tempo possível sem perder equilíbrio e coordenação).
- **Agilidade + flexibilidade** – mobilidade (capacidade para cobrir uma área rapidamente, com um bom senso de oportunidade e coordenação).

Por mais que possamos analisar isoladamente todas as qualidades físicas, elas não se desenvolvem de forma unilateral, pois mantêm entre si inter-relações decisivas na *performance* desportiva.

Nesse viés, de acordo com Dantas (2003), as qualidades físicas podem ser divididas em:

- de forma física – desenvolvidas seguindo os critérios científicos da preparação física;
- de habilidades motoras – concernentes às repetições dos gestos motores intervenientes ao desporto.

Isso significa que o treinamento dessas qualidades não deve se limitar a uma orientação embasada na especificidade das qualidades vivenciadas na competição. Nesse sentido, Gomes (2009, p. 92) cita dois níveis de objetivos para a preparação física, quais sejam:

> 1) O primeiro nível tem como tarefa propiciar o desenvolvimento multilateral geral das capacidades físicas, o qual se fundamenta na ideia do desenvolvimento harmonioso do homem e no sentido da criação de uma base para o aperfeiçoamento na modalidade esportiva praticada;

2) *O segundo nível de objetivos da preparação física está relacionado com as exigências máximas em relação ao desenvolvimento das capacidades físicas, destacando, assim, a especificidade do gênero da atividade desportiva. Neste caso utiliza-se a preparação física especial.*

Em síntese, o processo de preparação física exige que o atleta priorize o aperfeiçoamento das qualidades físicas básicas para, posteriormente, transferi-las para as qualidades físicas intervenientes ou específicas de sua modalidade.

Essa ponderação vai ao encontro de algumas proposições da teoria geral do treinamento desportivo segundo as quais, para que seja potencializada a eficiência da preparação físico-desportiva, os exercícios devem ser o mais semelhantes possível, em termos físicos e motores, da modalidade desportiva. A esse aspecto, Chandler e Brown (2009, p. 284) associam o conceito de transferência, definido como o "grau em que um exercício de treinamento promove adaptação no desempenho. Para maximizar o potencial do 'efeito de transferência do treinamento', um exercício de treinamento deve utilizar níveis aceitáveis de especificidade e sobrecarga relacionados ao padrão de movimento"

Estendendo esse raciocínio, além de levar em conta a especificidade dos parâmetros físicos e motores, é essencial, na preparação física anual para os desportos individuais, o desenvolvimento das qualidades físicas de base/básicas e das qualidades físicas intervenientes/específicas das modalidades a serem treinadas.

Para melhor ilustrar esse processo de transferência, tomemos como exemplo atletas que, em seu processo de preparação anual, no começo da estruturação de seu treinamento, fazem uso de exercícios que em nada se aproximam da tarefa motora de sua prática. Nadadores e lutadores, por exemplo, fazem uso do treinamento de força e resistência para a melhoria dessas qualidades e da coordenação geral.

2.4 Teoria da adaptação aplicada à preparação física para os esportes individuais

A preparação física desportiva se funda no potencial adaptativo do indivíduo a ser treinado. Afinal, o treino é a ferramenta metodológica para a geração da adaptação guiada para o atleta.

Logo, no treinamento desportivo nas modalidades individuais, o objetivo é que o atleta se adapte aos estímulos propostos, acumule-os e os transfira para ações motoras eficazes, econômicas e produtivas na competição. Para isso, o técnico precisa compreender que a adaptação é um processo de ajuste do organismo às condições que impactam sua zona de conforto, ou seja, o equilíbrio, a homeostase.

Nesse sentido, o inconveniente é que qualquer estímulo estressor imposto ao organismo durante determinado período pode fazê-lo se adaptar. Isso pode representar um problema para o profissional do esporte que tem como responsabilidade orientar os atletas da melhor maneira possível; afinal, a adaptação diz respeito à capacidade de todo ser vivo de se ajustar às condições do meio que o cerca.

Sob essa ótica, um problema que assola os pesquisadores é a condução da adaptação fenotípica, que difere consideravelmente entre as modalidades ou entre os estímulos. *Grosso modo*, se considerarmos as reações das atividades competitivas de modalidades abertas, como as lutas, o processo adaptativo leva em consideração as características físicas e motrizes das tarefas. No entanto, em razão da grande imprevisibilidade dos desportos de combate, é impossível predizer seu resultado simplesmente pela preparação do atleta, diferentemente do que ocorre nas modalidades mais previsíveis, fechadas e estáveis, como a natação, o ciclismo e a corrida. Nestas, é possível manter o estereótipo do movimento durante muito tempo, sendo que as reações adaptativas seguem uma orientação raramente mutável.

2.4.1 O processo de adaptação ao treinamento nos esportes individuais

O ato de se adaptar a algo se relaciona com um estímulo estressor ou que rompa com a homeostase. Nesse sentido, o termo *estresse* foi utilizado pelo cientista canadense Hans Selye (1959), considerado o precursor da teoria da adaptação geral (TAG).

Seyle (1959) evidenciou que as ações estressantes sobre o organismo podem acarretar dois tipos de reação, conforme registra Platonov (2008):

1. se o estímulo for extremamente forte ou sua ação for prolongada, acontecerá a fase final da síndrome do estresse – a exaustão;
2. se o estímulo não superar os limites das reservas adaptativas do organismo, haverá mobilização e redistribuição das reservas energéticas e estruturais do organismo.

Na esteira desse pensamento, Gomes (2009), propõe uma adequação da teoria da adaptação geral de Selye (1959) para aplicá-la ao esporte. De acordo com o autor, três são as fases que caracterizam a síndrome da adaptação geral:

1. **Fase de alarme**: Ocorrerá a intensificação do metabolismo para o aumento da produção de energia, o crescimento na velocidade de síntese hormonal e a aceleração dos processos de síntese de substratos energéticos. Caso não haja diminuição do fator estressante, os recursos de adaptação imediata são reduzidos, engatilhando uma reação defensiva do organismo. Se houver repetição constante do fator estressante, o organismo entrará em fase de resistência.
2. **Fase de resistência**: Nessa fase, ocorrerá a substituição dos mecanismos imediatos de adaptação por conta de mudanças funcionais e estruturais de longo prazo, além de mobilização de recursos energéticos e estruturais – o objetivo principal do treinamento esportivo. Caso

o estímulo estressor permaneça, o atleta entra na fase de esgotamento.

3. **Fase de esgotamento**: Momento em que a velocidade de síntese dos sistemas anteriores não acompanha a continuidade do estímulo estressor. As estruturas celulares perdem a capacidade de funcionar em regime normal, dando início ao estado patológico.

Nesse sentido, as reações de adaptação podem ocorrer de três formas (Platonov, 2008):

1. **Reações inatas em curto prazo** – Referem-se às adaptações imediatas ao estímulo estressor como elevação da frequência cardíaca, intensificação da respiração, vasodilatação etc.
2. **Reações adquiridas em curto prazo** – Consiste na aquisição de habilidades técnico-táticas complexas.
3. **Adaptação em longo prazo** – Desenvolve-se a partir da realização repetida de adaptações em curto prazo e é caracterizada pelo fato de que, no final, a acumulação quantitativa e gradativa de determinadas alterações fazem-nas passar de não adaptativas a adaptativas.

A formação da adaptação em curto prazo pode ser dividida em três etapas:

1. aumento bruto da frequência cardíaca, ventilação pulmonar, consumo de oxigênio, acúmulo de lactato;
2. estabilidade dos níveis altos do sistema funcional;
3. perturbação do equilíbrio devido à fadiga dos centros de controle nervoso e do esgotamento das reservas de carboidratos.

As formações de reações de curto prazo podem ser mediadas ao se comparar praticantes treinados e não treinados na mesma tarefa física. Ao serem expostos à mesma prática, esses praticantes manifestam reações completamente diferentes. Para exemplificar, consideremos dois praticantes de corrida de rua. O praticante A começou seus treinamentos no dia anterior, e o praticante B tem anos de prática. Ao realizarem uma corrida de 5 km, provavelmente as respostas do organismo de cada um serão diferentes. Provavelmente, a frequência cardíaca de repouso será maior no praticante destreinado, e a ventilação pulmonar, após a prática, será menor.

Por seu turno, a formação da adaptação de longo prazo se dá em quatro estágios:

1. manutenção constante dos recursos funcionais ao longo de um programa de treinamentos, adquirido pela soma dos efeitos de curto prazo;
2. transformações nos órgãos e tecidos do sistema funcional decorrentes da manutenção do programa de treinamento;
3. estabilidade dos sistemas funcionais e estreitamento da inter-relação dos órgãos reguladores e executores;
4. estágio negativo. Uma sequência mal planejada de treinamentos excessivos, de alta intensidade, pouco repouso e má alimentação, gera desgaste dos componentes funcionais. Nesse caso, é importante perceber que de nada adianta uma construção bem planejada de treino se não houver o acompanhamento constante do repouso e da alimentação.

Outra importante denominação ao se referir aos tipos de adaptação ao exercício são as **adaptações agudas** e **adaptações crônicas**. Chandler e Brown (2009) consideram adaptações agudas ao exercício as imediatas, isto é, que representam a resposta do organismo a uma sessão de exercícios. Já as adaptações crônicas são aquelas que, após meses ou anos de treinamento, transformam o atleta em um ser adaptado às tarefas desportivas.

Assim, o treinamento físico "pode ser compreendido como um processo organizado e sistemático de aperfeiçoamento físico, nos seus aspectos morfológicos e funcionais, impactando diretamente sobre a capacidade de execução de tarefas que envolvam demandas motoras, sejam elas esportivas ou não" (Barbanti; Tricoli; Ugrinowitsch, 2004, citados por Roschel; Tricoli; Ugrinowitsch, 2011, p. 53).

Logo, o treinamento físico se sustenta sobre estímulos guiados com o auxílio de métodos, técnicas e ferramentas para o alcance de determinado fim, sendo ele estético ou para fins de saúde e/ou *performance*.

Nesse ponto, uma importante consideração se faz necessária: não é possível prescrever um treinamento sem saber o que deve ser melhorado. Portanto, não se deve prescrever um treinamento sem o acompanhamento dos indicadores e das variáveis necessárias à observação dos objetivos traçados, tampouco prescrever um treinamento sem um planejamento. Qualquer prática que não contenha esses fatores associados não pode ser caracterizada como um treinamento.

2.4.2 Efeitos agudos e crônicos dos exercícios

Nesta subseção, apresentaremos um resumo das adaptações agudas e crônicas de acordo com os diferentes tipos de exercícios – aeróbios, anaeróbios, de flexibilidade – evidenciados por diversos autores (Jansson; Kaijser, 1977; Del Vecchio; Galliano; Coswig, 2013; Franchini et al., 200; Pereira; Borges, 2006; Brum et al., 2004; Gomes, 2009; Platonov, 2008; Azevedo et al., 2007; Almeida; Jabur, 2007; Umpierre; Stein, 2007; Uchida et al., 2006; Viana-Gomes et al., 2016; D'Assunção et al., 2007).

2.4.2.1 Sistema anaeróbio

Os **exercícios anaeróbicos aláticos** são caracterizados pela grande liberação de energia de curta duração – geralmente, até 10 s. A formação da energia para esse tipo de trabalho ocorre pela quebra de ligações de adenosina trifosfato (ATP) e creatina fosfato (CP).

Algumas modalidades esportivas apresentam esse tipo de sistema energético de forma preponderante. Trata-se do caso das corridas curtas. Outras modalidades abrangem tais ações ao longo de sua atividade, sem que seja possível classificá-las como predominantemente anaeróbias aláticas. É o caso dos golpes no tênis e dos golpes em desportos de combate.

Os desportos que utilizam uma série de tarefas de recrutamento alático, ao longo dos segundos, podem ser categorizadas como de **tarefas láticas**. Os exercícios intermitentes, os desportos de combate, bem como a corrida de 400 m rasos, caracterizam-se pelo uso predominantemente da forma lática de energia, em que a ressíntese de ATP ocorre por conta da decomposição da glicose e do glicogênio. Assim, há decomposição da glicose com a participação de enzimas glicolíticas.

Os efeitos dos exercícios anaeróbios aláticos e láticos são divididos em:

- **Efeitos agudos** – aumento na frequência cardíaca; aumento na secreção de GH (do inglês *growth hormone*, ou hormônio do crescimento); maior taxa de oxidação de gordura; maior taxa de oxidação de carboidrato; aumento na produção de lactato muscular; aumento na produção de lactato sanguíneo.
- **Efeitos crônicos** – melhor desempenho do VO_2máx.; aumento superior de secreção noturna de GH; redução de gordura subcutânea; aumento na sensibilidade insulínica; melhora da função cardíaca; aumento do volume de ejeção do ventrículo esquerdo; redução da frequência cardíaca de repouso; aumento na capacidade aeróbia; maior ganho de potência aeróbia; redução da gordura visceral; melhora na capacidade de tamponamento da musculatura esquelética; aumento da transferência de energia via glicólise anaeróbia; aumento na porcentagem de fibra do tipo II A.

Os exercícios de força também são classificados como atividades anaeróbias; no entanto, nessa categoria, existem adaptações agudas e crônicas ímpares. Além disso, a literatura aponta a existência de três tipos de força que podem ser aplicados no conhecimento científico do desporto:

1. **Força máxima** – Capacidade de produção máxima de força durante a contração muscular voluntária. É evidente em modalidades como halterofilismo, lançamento e arremesso no atletismo, saltos, corrida de velocidade e ginástica artística.
2. **Força de velocidade** – Capacidade de realização de altos índices de força em menor tempo. É evidente em modalidades como natação de velocidade, corridas de velocidade, esgrima e lutas.
3. **Força de resistência** – Capacidade de manutenção de altos indicadores de força durante o máximo de tempo. Muito importante em modalidades desportivas cíclicas como ciclismo e corridas longas.

Grande parte dos desportos individuais, em geral, necessitam de algum tipo de força.

Os efeitos dos exercícios de força, contrarresistência ou resistidos, são assim categorizados:

- **Efeitos agudos** – aumento da frequência cardíaca; aumento do volume sistólico; aumento do débito cardíaco; aumento da pressão arterial; aumento da secreção de testosterona; produção de metabólitos musculares; vasodilatação; aumento na pressão arterial sistólica; aumento do gasto energético durante o período de recuperação; aumento na oxidação de lipídios; bloqueio mecânico do fluxo sanguíneo; aumento de atividade nervosa simpática; redução da pressão arterial logo após o final do exercício (efeito hipotensivo); indução da síntese proteica; microlesões nas fibras musculares esqueléticas.

- **Efeitos crônicos** – maior recrutamento de unidades motoras; melhoria do metabolismo anaeróbio; maior concentração em repouso de ATP, CP e glicogênio; aumento da espessura da parede ventricular esquerda; aumento do tamanho da câmara ventricular; hipertrofia da musculatura esquelética; hiperplasia da musculatura esquelética; maior volume sistólico; aumento do fluxo sanguíneo basal; aumento do diâmetro arterial; melhoria da função endotelial; aumento de força; redução de valores pressóricos em repouso.

É importante lembrar que as alterações cardiovasculares referentes ao treinamento de força ocorrem por razões diversas daquelas de outros exercícios. No caso do treinamento de força, um volume relativamente pequeno de sangue é bombeado em uma pressão alta (Fleck; Kraemer, 2017).

A esse respeito, Gentil et al. (2006) mencionam diferentes metodologias de treinamento de força. Há as que visam a um processo de adaptação a partir de estímulos mecânicos na musculatura (exercícios tensionais), assim como existem exercícios que objetivam induzir a hipertrofia por meio de alterações nas condições metabólicas locais (metabólicos).

Diversas modalidades utilizam a força como qualidade predominante, a exemplo do LPO, bem como dos desportos de arremesso e lançamento. No jiu-jítsu, a força também é de extrema importância, conforme evidenciado por Silva et al. (2012), que apresentam relevantes correlações da força de preensão manual para atletas dessa modalidade de luta.

2.4.2.2 Sistema aeróbio

O sistema aeróbio de produção de energia consiste na particularidade da formação de ATP nas mitocôndrias a partir da utilização do O_2. Esse sistema tem uma potência relativamente baixa de produção de energia, mas é superior no quesito economia. São modalidades predominantemente aeróbias as corridas longas, atividades de ciclismo, natação (em modalidades longas), o triatlo e o remo.

Entre os efeitos sentidos pelo organismo por conta da prática de exercícios aeróbios, citamos os seguintes:

- **Efeitos agudos** – elevação da frequência cardíaca; hipotensão pós-exercício (especialmente em hipertensos); aumento do volume muscular causado pelo acúmulo de líquido nos espaços intersticial e intracelular do músculo; aumento no acúmulo de cortisol (exercícios com intensidade progressiva).

- **Efeitos crônicos** – redução da frequência cardíaca de repouso; redução da pressão arterial de repouso; melhora no fluxo sanguíneo muscular; melhora na resposta vasodilatadora muscular; aumento do retorno venoso e do volume sistólico, além de melhora da contratilidade miocárdica; aumento na quantidade de fibras vermelhas – (contração lenta); aumento na atividade de enzimas oxidativas; aumento no número e tamanho das mitocôndrias; aumento e otimização da rede capilar; aumento na concentração de glóbulos vermelhos (hemácias); melhora no sistema enzimático; aumento de mioglobinas; maior oxidação dos carboidratos e gorduras; aumento das reservas ATP-CP pela fosforilação oxidativa; maior capacidade glicolítica; hipertrofia de fibras vermelhas (lentas); melhora da capacidade das fibras musculares de utilizar oxigênio; melhora na capacidade de oxidar gorduras; aumento nas reservas de glicogênio e triglicerídeos intramusculares; otimização da ventilação alveolar; aumento do volume de ejeção cardíaca (a cada sístole); aumento do tamanho da cavidade ventricular esquerda em aproximadamente 25%; aumento de volume sanguíneo circulante; atenuamento do enrijecimento arterial por conta da idade; melhora da complacência arterial (capacidade de distensão das artérias em resposta às diferenças na pressão intravascular).

As adaptações crônicas ao exercício aeróbio foram observadas em diversos estudos com atletas de modalidades esportivas dessa natureza, bem como em pesquisas clínicas. Azevedo et al. (2007) verificaram algumas variáveis em corredores fundistas, que apresentaram valores acima do limite superior da normalidade no que se refere ao tamanho da cavidade ventricular. Já Mendes e Barata (2008, p. 255) afirmam que o exercício aeróbio, de forma crônica ou aguda, parece "diminuir tanto os níveis de PA[4] clínica, como de PAA[5], dos sujeitos idosos, especialmente dos hipertensos".

Com relação à musculatura envolvida, Platonov (2008) revela que, em esquiadores e corredores de longa distância, predominam as fibras de contração lenta. Já Jansson e Kaijser (1977) observaram que o músculo gastrocnêmio de corredores de longa distância possui 67,1% de fibras lentas, 28,8% de fibras rápidas do tipo II A (contração rápida com capacidade oxidativa) e 1,9% de fibras rápidas tipo II B (contração rápida). Em contrapartida, nos mesmos corredores, os músculos deltoides apresentam 68,3% de fibras lentas, 14,3% de fibras rápidas do tipo II A e 17,4% de fibras rápidas II B. A esse respeito, a afirmação de Platonov (2008, p. 189) é interessante: "Esta é uma base convincente para afirmação de que o desaparecimento das células de contração rápidas faz parte das reações adaptativas do organismo em consequência deste tipo de treinamento".

Atualmente, muito se tem dicustido na literatura a respeito dos exercícios intervalados de alta intensidade e curta duração (HIIT, do inglês *High Intensity Intermittent Training* ou *High Intensity Interval Training*). É importante lembrar que essa

---

[4] Pressão arterial.
[5] Pressão arterial ambulatória.

ferramenta de treinamento não é recente. Contudo, estudos relevantes sobre suas características, tanto na área da *performance* desportiva quanto na área da saúde, intensificaram-se somente a partir de 2010.

Nessas pesquisas, encontraram-se evidências de que o HIIT pode aumentar significativamente o VO_2máx. de atletas de corridas longas, em virtude de melhorias na oferta de O_2 (Astorino et al., 2018). Infere-se, então, que "associar o treinamento intervalado de alta intensidade e curta duração pode ser uma estratégia que beneficie atletas de modalidades esportivas em que o sistema aeróbio seja predominante" (Astorino et al., 2012, p. 138, tradução nossa). Além disso, também há benefícios vinculados à perda de peso, que pode ser potencializada ao se aderir ao HIIT (Shiraev; Barclay, 2012). Outros estudos indicam o HIIT como atividade de grande valia para cardiopatas (Bartels; Bourne; Dwyer, 2010).

Na Tabela 2.1, a seguir, apresentamos a classificação das cargas pelas zonas de intensidades

Tabela 2.1 Classificação das cargas pelas zonas de intensidades

Nº	Zonas	Critérios fisiológicos			Duração máxima de trabalho
		FC (por min)	em % de VO_2 máx.	Lactato (mmol/L)	
I	Aeróbia	Até 140	40-60	Até 2	Algumas horas
II	Aeróbia (de limiar)	140-160	60-85	Até 4	Mais de 2 horas
III	Mista (aeróbia- -anaeróbia)	160-180	70-95	4-6 6-8	30 min-2h 10-30 min
IV	Anaeróbia (glicolítica)	Mais de 180	95-100-95	8-15 10-18 14-20 e mais	5-10 min 2-5 min Até 2 min
V	Anaeróbia (alática)	---------	95-90	---------	10-15 s

Fonte: Gomes, 2009, p. 83.

2.4.2.3 Flexibilidade

A flexibilidade é uma qualidade física importante, seja como um indicador de saúde e qualidade de vida, seja para as modalidades esportivas. Todavia, provavelmente é uma das qualidades mais controversas na literatura sobre exercício e esporte. Diversos estudos apontam seus benefícios, tanto para a prevenção de lesões quanto para a melhoria de *performance*, mas ainda não se trata de uma visão consensual sobre o tema.

De acordo com Almeida e Jabur (2007), alongamentos são os exercícios físicos que aumentam o comprimento das estruturas dos tecidos moles e, consequentemente, a flexibilidade. Esta é classificada como uma qualidade física definida pela máxima amplitude de movimento musculoarticular de uma ou mais articulações sem o risco de lesões.

Para Gomes (2009), a flexibilidade é uma capacidade física do organismo humano que condiciona a obtenção de grande amplitude durante a execução dos movimentos. O autor define dois tipos de flexibilidade:

> **Flexibilidade ativa**: *caracterizada pela obtenção de grandes amplitudes de movimento por conta da atividade dos próprios grupos musculares do desportista que asseguram determinado movimento.* **Flexibilidade passiva**: *caracterizada pela maior amplitude de movimento, conseguido por meio de influências exteriores.* (Gomes, 2009, p. 134, grifo do original)

No esporte, verifica-se a flexibilidade ativa nas ginásticas artística e rítmica, na esgrima, nos esportes de combate como o *taekwondo*, bem como em modalidades que demandam a participação de um padrão motor hegemônico de movimentos, como os Katas (karatê), Katis (*kung fu*) e Poomse (*taekwondo*).

Já a flexibilidade passiva pode ser observada claramente no jiu-jítsu ou no judô a partir da imposição de golpes sobre a articulação do oponente. Quanto maior for a amplitude articular de quem estiver sofrendo uma chave de ombro, por exemplo, maior será o tempo para uma tentativa de fuga. Para não haver confusão, podemos nos utilizar dessa definição para classificar os exercícios de alongamento como ativos, passivos ou FNP.

Na abordagem dessa qualidade física, há significativa diversidade de considerações na literatura. Há estudos que observam pouca influência da flexibilidade no esporte (dependendo da modalidade), e outros que defendem justamente o oposto.

De qualquer modo, a evolução de métodos e técnicas de pesquisa introduziu novas formas de pensar esa qualidade física. Esteja claro que nos interessa neste momento tratar do papel da flexibilidade no desporto.

A seguir, listamos os efeitos dos alongamento sobre o organismo do praticante:

- **Efeitos agudos** – melhoria do suprimento sanguíneo; posicionamento ótimo de actina e miosina para contração muscular otimizada (balístico); alívio imediato de dor crônica; estímulos para orientação das fibras musculares sem ruptura de colágeno, facilitando o processo de remodelagem do tecido conjuntivo pós-lesão.
- **Efeitos de uma boa flexibilidade** – prevenção de lesões em contrações imprevisíveis no desporto; aumento da amplitude articular; economicidade de energia; alívio de dor crônica.

Outra variável importante para adentrarmos nas adaptações do alongamento é sua aplicação pré e pós-exercício. A literatura sobre essa temática ainda é contraditória. De acordo com as adaptações recém-discutidas, a aplicação de um trabalho de alongamento pré-exercício pode variar muito, seja pelo tipo de exercício, seja pelo tipo de alongamento.

A mobilidade articular deficitária impede a utilização ótima dos recursos envolvidos para a execução de um movimento desportivo adequado (menor gasto energético, menor tempo, maior produtividade). Uma dúvida que surge é: Em que medida é necessário investir em exercícios de alongamento pré e pós-exercício ou até que ponto deve-se investir em um treinamento para a melhoria da flexibilidade do atleta?

A esse respeito, podemos arrazoar que o exercício físico promove uma série de adaptações no organismo do praticante, sendo ele atleta ou não. Entretanto, é importante considerarmos que as reflexões sobre o tema seguem uma doutrina resumida. Todas as adaptações agudas e/ou crônicas expostas podem variar muito de acordo com o volume do treinamento e sua intensidade.

Para o escopo desta obra, o que deve estar claro é como as adaptações crônicas ao treinamento podem ser benéficas no intercruzamento entre qualidades físicas. Vale assinalarmos, portanto, que um treinamento físico/desportivo de qualidade precisa investir em todas as qualidades físicas de base, tanto para a melhoria de *performance* como dos indicadores de saúde e da qualidade de vida.

2.5 Adaptações anuais e de longo prazo

Na seção anterior, destacamos a importância de desenvolver as qualidades físicas de forma que elas gerem adaptações benéficas à *performance* do atleta. Desse modo, o estímulo das qualidades físicas gerais e especiais se torna uma interveniente significativa no processo de orientação de seu planejamento.

Todavia, o processo de orientação da adaptação deve seguir uma estrutura organizacional de longo prazo. Isso quer dizer que, ao se planejar uma macroestrutura de treinamento, não se deve visar exclusivamente às competições do calendário, mas de todos os outros que estão por vir. A pergunta a ser feita aqui é: Como o planejamento anual de treinamento interfere nas condições de preparação e prontificação para a continuidade da prática do atleta?

Para respondê-la, precisamos esclarecer como se processam as adaptações na construção das macroestruturas de treinamento dos atletas, e explicar como é possível orientar as cargas, além de descrever como funciona o processo de acúmulo das cargas no organismo.

Uma estrutura de preparação de longo prazo não se resume a alguns anos de preparação; pelo contrário, envolve um processo racional, delicado e interdisciplinar que acompanha a vida do futuro atleta (quando criança) até o fim de sua carreira desportiva.

Sabemos que situações como essa não são comuns no Brasil. A falta de interesse político e as dificuldades sociais atrapalham o processo de desenvolvimento de políticas públicas de seleção e formação de talentos esportivos, o que inevitavelmente obstaculiza a formação de uma cultura esportiva no país. Contudo, cabe-nos aqui revelar o que deveria ser feito para a formação de atletas de alto nível.

Gomes (2009) afirma que um ciclo de preparação plurianual dura de 8 a 12 anos, abrangendo de dois a três ciclos olímpicos, ou seja, respeitando o processo dos modelos formativos a partir da seleção à conquista do alto rendimento. Nesse sentido, não é possível aplicar cargas de treinamento de atletas adultos em atletas jovens, especialmente com o mesmo nível de cobrança.

Sob essa ótica, Platonov (2008) afirma que o estímulo forçado em atletas jovens praticamente destrói as possibilidades de alcance da maestria esportiva. Em outras palavras a elaboração de um planejamento de longo prazo deve respeitar as fases cognitivas, físicas e motoras dos jovens atletas. Do contrário, haverá grandes chances de essas crianças romperem seus desejos com a prática esportiva e perderem o gosto pelo desporto e/ou o interesse pelo exercício físico. Nesse caso, corre-se o risco perder um talento esportivo.

De forma prática, as adaptações produtivas somente são possíveis quando a organização da macroestrutura propicia dificuldades progressivas ao atleta, as quais lhe permitem, ao longo do tempo, atingir um acúmulo eficaz das cargas. Isso permite afirmar que a especialização precoce pode prejudicar a/o jovem de forma permanente, bem como a cultura desportiva de sua cidade, seu estado e/ou país.

Além disso, é plausível afirmar que um jovem que obtém altos resultados desde cedo está sujeito também a ver seu desempenho cair precocemente ou, até mesmo, abandonar a prática esportiva, por conta do excesso de cargas sobre um organismo despreparado. Nesse sentido, para Gomes (2009, p. 152): "somente os atletas cuja preparação de muitos anos é construída de modo que a dinâmica de cargas de treinamento assegure a obtenção de resultados superiores na idade otimizada, são capazes de conseguir esses resultados máximos".

2.5.1 Variáveis que determinam a adaptação de longo prazo

Em geral, as adaptações de longo prazo só podem ocorrer a partir do momento em que o organismo recebe os estímulos de forma racional, orientada para fins específicos e que corresponda ao modelo de competição e ao calendário esportivo do atleta. Além disso, um sistema de preparação desportiva de longo prazo para modalidades individuais deve prezar pela saúde do atleta e pela extensão de sua vida útil no esporte.

De acordo com Matveev (2001), o tempo de execução dos objetivos de preparação de longo prazo está condicionado a três variáveis:

- o grau de dificuldade com que se relaciona a execução dos objetivos;
- as regularidades de treinamento de acordo com a idade, maturação e posterior desenvolvimento do indivíduo e as especificidades individuais de seu desenvolvimento (especialmente, especificidades das dinâmicas dos períodos sensíveis e do desenvolvimento de suas qualidades físicas);
- a experiência esportiva, a característica do sistema individualmente formado da preparação esportiva e da participação das competições e

o conjunto das condições sociais que influenciam fundamentalmente na atividade esportiva. (Matveev, 2001, p. 125, tradução nossa)

A esse respeito, verifique no Quadro 2.2, a seguir, como tratar de forma racional o desenvolvimento de longo prazo no processo formativo esportivo.

Quadro 2.2 Duração aproximada das grandes etapas da atividade esportiva de longo prazo

Estágios e etapas	Duração aproximada em anos
Estágio de preparação básica	
I Etapa – Preparação básica inicial: etapa do início no esporte, da orientação esportiva inicial, da preparação básica geral;	1-3
II Etapa – Preparação básica principal: etapa da especialização e do começo da especialização esportiva aprofundada, preparação básica especializada;	2-3
Estágio de realização máxima das possibilidades de realizações esportivas individuais	
III Etapa – Pré-culminante: desenvolvimento da especialização esportiva profunda com a plena ativação da atividade esportiva; nos atletas de alto rendimento, esta é a etapa da transferência para a profissionalização;	2-4
IV Etapa – Culminante: etapa da atividade esportiva mais dinâmica, inerente aos ganhos máximos individuais;	4-5
Estágio final – longevidade esportiva	
V Etapa – Estabilização: etapa de manutenção do nível alcançado nos resultados esportivos;	4-6
VI Etapa – Transição e condicionamento geral: excitação à atividade esportiva na forma de treinamento de condicionantes gerais.	Sem limites temporais fixos

Fonte: Matveev, 2001, p. 126, tradução nossa.

Tomando isso por base, fica evidente que colocar um jovem para iniciar treinamentos desportivos – de qualquer modalidade – com pouca bagagem motora ou mesmo forçar uma transição de um contexto recreacional para um contexto de alto rendimento é, no mínimo, imprudente.

2.5.2 Variáveis que determinam a adaptação anual

No processo de construção e aquisição para a melhoria da *performance*, também é preciso seguir uma orientação anual que permita conduzir o atleta para os resultados desejados. Nesse caso, a *macrociclagem*, ou ciclos anuais de treinamento, tem de respeitar metodologias específicas que sigam o formato de competições e as requisições das modalidades.

Nesse sentido, Platonov (2008) destaca a necessidade de se aplicar dificuldades progressivas, bem como que elas devem ser orientadas da seguinte maneira:

- aumento do volume total do trabalho de treinamento e das competições no ano ou no macrociclo;
- aumento da intensidade no processo de treinamento;
- alteração da orientação no processo de treinamento e aumento da proporção dos recursos de ação específica no volume total de trabalho de treinamento;
- utilização de fatores externos ao treinamento e às competições a fim de aumentar as exigências impostas ao organismo.

Também é necessário reconhecer as qualidades físicas gerais e específicas da modalidade para se iniciar um trabalho de preparação de longo prazo. Como exemplo, a literatura que estuda a preparação desportiva de longo prazo afirma que grandes volumes de trabalho aeróbio são essenciais nos primeiros anos de planejamento, pois resultam "na formação da base adequada para a preparação especializada subsequente" (Platonov, 2008, p. 296). No entanto, Platonov (2008) acrescenta que, nas modalidades de velocidade e velocidade e força, grandes volumes de trabalho aeróbio nas fases iniciais do processo de preparação plurianual podem levar a uma adaptação inadequada, limitando o processo de desenvolvimento da maestria esportiva.

Então, como pensar na orientação das cargas? Ela deve ocorrer de maneira uniforme no que tange ao volume e com aumento gradual de intensidade ou deve se dar de maneira abrupta? Curiosamente, as duas formas podem ser utilizadas.

A abordagem de aplicação denominada *aumento abrupto* começou a ser utilizada na década de 1970 com os nadadores da antiga União Soviética e Alemanha Oriental. Já na década de 1990, esse tipo de controle de carga passou a ser desenvolvido em corredores do Quênia. A primeira abordagem – aumento gradual –, embora mostre certa lentidão no processo de obtenção do nível de adaptação necessário, "permite o desenvolvimento de uma adaptação mais estável e manutenção dos melhores resultados esportivos" (Platonov, 2008, p. 300).

Portanto, o processo de preparação de longo prazo deve contemplar a quantificação do volume total trabalhado ao longo dos macrociclos e dos anos. Logo, técnico e atleta precisam ter ciência do volume total que estão desenvolvendo em cada ano e temporada e promover uma análise comparativa, não só para estabelecerem suas próximas metas, mas para terem noção dos limites do atleta.

A esse respeito, Platonov (2008) afirma que a expansão do volume do trabalho aeróbio aumenta o $VO_2máx$. Entretanto, quando o volume de trabalho anual ultrapassa 800 horas, seu ritmo de crescimento diminui drasticamente e estaciona. Nesse sentido, a visualização das necessidades e tendências do atleta e o conhecimento de suas particularidades é essencial. Por exemplo, se o atleta demonstra bons níveis de capacidade aeróbia, sugere-se enfatizar as capacidades anaeróbias, especialmente na fase de preparação geral.

Isso significa que a orientação das qualidades, no processo de preparação de longo prazo, está diretamente relacionada à quantificação do volume e às intensidades das qualidades físicas a serem desenvolvidas. Essa quantificação só pode ser efetuada com o acompanhamento rigoroso do técnico e do atleta, sendo imprescindível adotar um diário de treino se faz inevitável. Afinal, esse é o único meio para recordar, por exemplo, da distância percorrida na piscina na sessão de treinamento do dia 1º de fevereiro de 2017, juntamente com as cargas externa e interna, e comparar com a sessão de treinamento do dia 1º de fevereiro de 2018; somente com esse recurso se pode checar se houve evolução ou decréscimo.

Em resumo, o processo de treinamento esportivo é condicionado por um processo de formação pretérita. Isto é, para o ganho de melhores resultados, faz-se necessário promover uma preparação gradual de longo prazo que respeite o indivíduo em todas as suas fases e em todos os seus domínios de desenvolvimento. Não se pode simplesmente iniciar estímulos esportivos a jovens completamente despreparados física, motora e psicologicamente.

Na realidade brasileira, há professores de Educação Física, especialmente nas escolas, que querem trabalhar com modalidades acíclicas, complexas, sem desenvolver antes em seus alunos as habilidades e as capacidades físicas básicas. Em diversos clubes, o treinamento desportivo para iniciantes envolve cobranças de modalidades de forma específica, sem uma base de preparação física geral.

Ainda, alguns talentos esportivos são obrigados a morar em países com uma cultura esportiva bem-afixada e, quando são avaliados, em muitos casos, não conseguem superar as marcas dos estudantes locais, que já contam com uma base de preparação de longo prazo. Quando se veem nesse cenário, entram em depressão e voltam frustrados para o Brasil.

Talvez agora você, estudante de Educação Física, esteja compreendendo como é difícil comparar a realidade esportiva nacional com a de países que dispõem de uma orientação esportiva que respeita o desenvolvimento físico, cognitivo, motor e afetivo dos jovens.

Síntese

Neste capítulo, evidenciamos que, antes de dar início aos procedimentos para o planejamento do treinamento de modalidades desportivas individuais, é preciso classificá-las quanto a sua exigência motora. Assim, observamos que tais exigências se fundamentam na teoria da aprendizagem motora, a qual está intimamente relacionada ao processo de treinamento.

Ainda, abordamos que a preparação física está vinculada à técnica desportiva, que também apresenta critérios para sua aquisição. Além de citarmos os determinantes da preparação técnica, demonstramos que alguns elementos podem mudar consideravelmente, especialmente quando envolvem os diferentes modelos de competições esportivas, o que pode, até mesmo, provocar modificações bruscas no processo de preparação.

Com base no exposto, destacamos alguns pontos para a sua reflexão:

- A aquisição da técnica esportiva não se limita ao ensino do esporte; ela deve ser trabalhada continuamente e associada à preparação física; quanto mais completa for a análise dos movimentos característicos no esporte, mais completo também será o processo de preparação.
- A preparação física para as modalidades individuais, associada à técnica esportiva, precisa ser ampla; ou seja, todas

as qualidades físicas de base e especiais precisam fazer parte do processo de preparação.

- As qualidades físicas de base podem ser transferidas para as qualidades físicas especiais; isto é, em determinados momentos no processo de preparação do atleta, é necessário incluir atividades que não necessariamente digam respeito aos aspectos motores e físicos específicos de certa modalidade.
- O processo de treinamento demanda adaptação por parte do organismo; essa adaptação precisa levar em consideração períodos de redução de intensidades e volumes, planejados de forma racional ao longo do processo de preparação.
- Existem etapas referentes aos processos de preparação e iniciação esportiva que, se não forem bem orientadas, poderão castrar as possibilidades dos jovens.

ⅲ Atividades de autoavaliação

1. Assinale a alternativa que indica a classificação unidimensional correta do lançamento de dardo no atletismo:

    a) Aberto, discreto.
    b) Fechado, seriado.
    c) Fechado, contínuo.
    d) Fechado, discreto.
    e) Aberto, contínuo.

2. Para uma modalidade esportiva como o tênis de quadra, por exemplo, o LPO pode ser compreendido como uma atividade a ser desenvolvida:

    a) No período de preparação geral, pois desenvolve qualidades específicas da modalidade.

b) No período de preparação geral, pois desenvolve qualidades gerais que podem ser transferidas, por exemplo, para os golpes.

c) No período de preparação especial, pois desenvolve qualidades gerais que podem ser transferidas, por exemplo, para os golpes.

d) No período de preparação especial, pois desenvolve qualidades específicas que podem ser transferidas, por exemplo, para os golpes.

e) No período de transição, por permitir o destreinamento.

3. A capacidade de realização de altos índices de força em menor tempo é uma das qualidades predominantes em diversas modalidades esportivas. Assinale a alternativa que apresenta o nome desse tipo de força:

   a) Força de resistência.
   b) Força máxima.
   c) Força pura.
   d) Força de velocidade.
   e) Força complexa.

4. No tocante ao processo de formação e adaptação esportiva de longo prazo, assinale a alternativa correta:

   a) Diferentemente do que se pensou ao longo dos anos, a precocidade no esporte, ou seja, o atingimento de altos níveis de *performance* já no processo de iniciação pode ser prejudicial.

   b) As modalidades esportivas seguem um padrão muito semelhante para o atingimento de metas esportivas nas fases iniciais da preparação esportiva.

   c) Para a obtenção e a manutenção dos melhores resultados esportivos, deve-se exigir do jovem o máximo de seu rendimento, sempre respeitando suas fases de aquisição física, motora e cognitiva.

d) A especialização precoce pode ser sempre interessante quando se trata de esporte de alto rendimento.

e) O estágio de realização máxima nos esportes individuais deve estar presente em todas as etapas de preparação e iniciação, uma vez que esta é a realidade dos esportes.

5. As variáveis motoras associadas ao treinamento físico estão relacionadas com a formação da técnica esportiva. Nesse sentido, assinale a alternativa que melhor evidencia a relação motora e física no processo de treinamento:

a) O processo de preparação física deve envolver as variáveis motrizes. Contudo, é imperioso observar que modalidades com estereótipo de movimento mais definido, como as lutas, são mais bem conduzidas em seu processo de treinamento.

b) A corrida e o ciclismo são modalidades cíclicas com movimento pouco estereotipado, o que dificulta a orientação das qualidades físicas gerais e específicas.

c) Não há muitas relações entre o processo de preparação física e as especificidades motrizes da modalidade envolvida.

d) As modalidades cíclicas e acíclicas são, por sua natureza, muito similares no que diz respeito a seus movimentos muito estereotipados, o que facilita o processo de orientação das qualidades físicas gerais e específicas no treinamento.

e) As lutas são, em grande maioria, atividades de predominância anaeróbia lática. A isso se associa o fato de que tais modalidades apresentam especificidades motrizes distintas, com movimentos pouco estereotipados, o que dificulta a condução das orientações das qualidades físicas gerais e específicas.

Atividades de aprendizagem

Questões para reflexão

1. Neste capítulo, evidenciamos que o processo de preparação técnica está intimamente relacionado à preparação física. No entanto, existem diferentes critérios e fases para seu desenvolvimento. Além disso, sabemos que existem seis etapas que compõem a preparação técnica. Dessa forma, como você poderia desenvolver a técnica de uma modalidade esportiva individual de sua escolha seguindo rigorosamente as etapas da preparação técnica?

2. Imagine que você é um profissional de Educação Física que trabalha com a modalidade de corrida de rua. Assim, divida as qualidades físicas gerais e as qualidades físicas especiais dessa modalidade desportiva. Depois, pense em exemplos de exercícios que podem ser desenvolvidos para cada qualidade.

Atividade aplicada: prática

1. No capítulo, visualizamos o gráfico que evidencia a idade de início no esporte e a zona das possibilidades ótimas para diversas modalidades esportivas. Apontamos, também, a importância de reconhecer os melhores momentos para o início nessas modalidades esportivas, e mostramos que há um padrão entre o início ideal da prática esportiva e os melhores resultados. Nesse sentido, para a realização desta atividade, escolha uma modalidade esportiva individual e, por meio de pesquisa (pode ser na internet), faça um levantamento de quem são os dez maiores campeões mundiais e olímpicos em diferentes categorias dessa modalidade. Investigue quando esses atletas começaram no esporte e avalie se eles começaram suas práticas desportivas em idades semelhantes. Por fim, escreva um relatório em que exponha suas conclusões e considerações.

Capítulo 3

Sistema de competições nos esportes individuais

O sistema de competições esportivas representa a base do esporte. Inclui todo um aparato funcional que demanda um conjunto de profissionais e colaboradores que, direta e indiretamente, formam sua estrutura; afinal, "sem competições o próprio desporto deixaria de existir" (Platonov, 2008, p. 125).

Quando se aborda o sistema de competições, faz-se referência à vitrine do esporte moderno. Esse sistema engloba a intervenção, a comparação e a medição dos profissionais do esporte. Em geral, é por meio dele que são colocados à prova a seleção e a formação de treinadores e atletas, o avanço científico de modelos de treinamento e de materiais de treinamento e competição, bem como de fármacos e nutricionais.

Sob essa perspectiva, neste capítulo temos o objetivo de expor as particularidades das competições e dos fundamentos do sistema de competição nas modalidades esportivas individuais.

3.1 Tipos de competições esportivas individuais

O estudante atleta, ex-atleta ou praticante recreacional certamente se envolveu ao menos uma vez em uma situação competitiva na escola ou no clube. Os diferentes modelos de competições desportivas requerem processos de preparação específicos, sendo determinados por fatores como:

- calendário esportivo;
- organização segundo o regulamento da competição oficial;
- regras oficiais asseguradas pela arbitragem.

Com base nessa realidade, não consideramos competições incluídas no sistema oficial de competições. Afinal, todo o processo de preparação do atleta, desde suas fases iniciais, é condicionado pelas datas dos calendários esportivos de suas modalidades, aprovados pela federação que as organiza. Independentemente do nível – regional, nacional ou internacional –, o atleta, o técnico e os demais membros da comissão condicionam suas vidas em respeito ao calendário esportivo. Além disso, os condicionantes físicos e motores exigidos pela prática estão diretamente relacionados às regras do desporto.

Nesse cenário, percebemos a íntima relação entre o sistema de competições esportivas e os determinantes legais, os aparatos burocráticos e políticos que recaem sobre o esporte. Lembremos que diversas competições oficiais de altos resultados, não coincidentemente, são realizadas em datas políticas importantes em diversos países ou, mesmo, são definidas de acordo com o clima ou com o sistema de crenças da região.

Nos Jogos Olímpicos de Londres, em 2012, a realização das competições coincidiu com o período do Ramadã. Tradicionalmente, nessa época, os muçulmanos não podem comer nem beber enquanto há luz do dia. Geralmente, é o atleta é quem decide se segue a tradição ou não. Entretanto, tal decisão deve ser tomada com antecedência, uma vez que o processo de preparação também precisa considerar se e quando o atleta ingere ou deixa de ingerir alguma substância. A esse respeito, Chaouachi et al. (2009) conduziram um estudo com judocas e verificaram que os muçulmanos que treinam durante o Ramadã devem periodizar cuidadosamente sua carga de treinamento e monitorar seus níveis de ingestão e fadiga, a fim de evitar decréscimos no desempenho.

Portanto, o processo de preparação deve envolver não apenas as características do local, mas, de preferência, antecipar-se aos eventos climáticos do período em que a competição será realizada e demais condições de ordem religiosa, social ou política que sejam previsíveis.

Outra importante averiguação se refere à seleção correta da competição principal. Atletas com certo grau de maturidade esportiva têm boa noção de suas limitações, isto é, sabem quais marcas conseguem bater e quais ainda não conseguem. Dessa forma, o autoconhecimento para reconhecer limites e potencialidades define a sinergia entre todos os componentes da preparação: físicos, psíquicos, técnicos e táticos. A isso, Matveev (1985) chamou de *forma esportiva*.

A seguir, apresentamos, de acordo com Platonov (2008), os critérios empregados para categorizar competições considerando objetivos, tarefa, forma de organização e características do atleta:

- significado (preparatórias, seletivas, principais etc.);
- proporções (municipais, regionais, continentais, olímpicas);
- tipo de tarefa (de controle, clássicas, seletivas etc.);
- caráter organizacional (abertas, fechadas, tradicionais);
- idade dos participantes (infantis, juvenis, adultas, de veteranos);
- gênero dos participantes (femininas ou masculinas);
- orientação profissional (estudantis, profissionais, amadoras).

Essa sistematização segue uma estrutura organizacional que norteia, de forma prática, as escolhas da comissão técnica para os campeonatos e suas exigências com base no atleta.

No Brasil, há diferentes formatos competitivos, tanto em caráter de esporte de participação como alto rendimento ou educacional, para definir a estrutura de cada competição: jogos olímpicos, campeonatos, torneios, taça ou copa, festivais, gincanas, desafios, exibições etc. Cada um desses formatos competitivos compreende conceitos diferenciados e objetivos particulares.

Os tipos de competições esportivas podem variar de acordo com a quantidade de participantes, com o espaço e o local de realização, bem como por seu grau de importância. Nesse sentido, Platonov (2008) considera três formas principais de competição:

1. **Forma seletivo-circular** – Equipes separadas em grupos predeterminados enfrentam os integrantes de seu grupo. Os melhores resultados passam ao torneio seguinte.
2. **Forma mista** – Todos os atletas participam antecipadamente de três fases. Os vencedores da etapa preliminar se enfrentam em encontros determinados por sorteio e realizados como eliminação direta.

3. **Forma de eliminação direta** – O atleta que perde um torneio é automaticamente eliminado. Uma variação consiste na adoção de um maior número de derrotas para eliminação, por exemplo.

No que se refere à quantidade de participantes, as competições podem ser individuais, mistas ou em equipes.

Geralmente, no atletismo, na natação e em outras modalidades desportivas individuais há duas etapas: classificatória e final. Na primeira, são selecionados os atletas de melhor resultado, os quais, por sua vez, participam da etapa final.

3.2 Fundamentação das competições esportivas em modalidades individuais

No contexto prático, o técnico, o atleta e toda a comissão técnica precisam estruturar as competições das quais o atleta participará. Isso significa que para cada competição deve haver metas traçadas, as quais, em muitos casos, não precisam necessariamente corresponder à vitória.

Parece um contrassenso presumir que o atleta participará de uma competição sem o objetivo de vencê-la. Entretanto, as fases do processo de periodização para grande parte dos esportes individuais preconizam um período de alcance de um ponto ótimo de rendimento e eficácia física e motora (forma esportiva) que não pode ser alcançada, muito menos mantida, ao longo do processo preparatório. Sendo assim, é irresponsabilidade do técnico e do preparador físico colocar seu atleta para competir, cobrando dele um alto nível de *performance*, sem que ele esteja minimamente em uma forma esportiva incipiente. Discutiremos mais acuradamente sobre a forma esportiva quando tratarmos da periodização, no Capítulo 5.

Por ora, cabe-nos evidenciar como se pode utilizar o sistema de competições para traçar uma orientação racional que objetive a otimização da *performance*. Assim, há cinco formas de competição que devem ser consideradas para se definir a orientação:

1. **Competições preparatórias** – Referem-se às competições de aperfeiçoamento técnico e tático para adaptar os sistemas funcionais do organismo.
2. **Competições de controle** – Objetivam avaliar o nível de preparação do atleta. Além disso, permitem, em situação competitiva, avaliar os domínios físicos, motores, afetivos e psicológicos, evidenciando os pontos fortes e os fracos.
3. **Competições de ligação** – Visam preparar o atleta para as principais competições dentro da macroestrutura de seu treinamento em determinado ano. Geralmente, estão incluídas no calendário regular.
4. **Competições seletivas** – São muito importantes para algumas modalidades, pois tendem a selecionar os atletas para os campeonatos nacionais e internacionais. Por conta disso, o nível de preparação desportiva do atleta precisa estar alto.
5. **Principais competições** – Dizem respeito às competições principais, traçadas com o técnico e a comissão, para as quais o atleta precisa alcançar sua forma esportiva ótima.

Essa sistematização auxilia muito o técnico, uma vez que a forma de estruturação da atividade competitiva muda de acordo com as metas traçadas para cada competição. Não há, portanto, uma constante obrigatoriedade pela vitória, pois isso poderia prejudicar o atleta física e psicologicamente.

Precisamos deixar claro que tal estruturação se aplica à realidade de modalidades esportivas individuais, que, em comparação com os esportes coletivos, apresentam menor quantidade de competições por ano e estão sujeitas a um calendário esportivo que muda drasticamente de perfil.

Por esse viés, a determinação dos resultados das competições também faz parte da construção do sistema de competições. Logo, ter ciência da formatação da conquista de resultados ajuda a definir as estratégias de preparação, bem como as estratégias do plano tático.

De acordo com Platonov (2008), a deliberação dos resultados competitivos pode ser definida da seguinte maneira:

- **Obtidos por sistema métrico** – divididos em:
  - modalidades de condições fixas – atletismo, natação, halterofilismo, ciclismo em velódromo, tiro, patinação (em locais padronizados como estádios, piscinas, quadras);
  - modalidades desportivas de competições em condições variáveis – esqui, esqui alpino, vela, ciclismo de estrada (em locais que apresentam condições específicas e mais complexas do que as anteriores).
- **Medidos por pontos ganhos** – desportos cujos resultados são determinados por árbitros que conferem pontuação ao atleta de acordo com critérios como precisão, complexidade, beleza (ginásticas rítmica e artística, salto ornamental, nado sincronizado, patinação artística).
- **Definidos pelo feito final ou pelo maior número de pontos na realização de uma atividade em diversas situações**:
  - Determinado pelo resultado final alcançado em certo período de tempo, de acordo com regras específicas (futebol, hóquei, basquete, handebol);
  - independentemente do tempo da competição, é possível chegar à vitória pela conclusão da ação (boxe, *taekwondo*, MMA, judô, karatê, esgrima) ou pelo acúmulo de pontos (karatê, *taekwondo*, esgrima, judô, boxe) – geralmente, no caso dos esportes de combate, os dois tipos de situação podem ocorrer em praticamente todas as modalidades.

- determinado pelo resultado final, mas, nesse caso, a competição não tem limite de tempo (tênis, tênis de mesa, voleibol).
- **Resultados de modalidades complexas** – consistem na possibilidade de uma interação compensatória vantajosa entre os resultados obtidos em cada disciplina isolada, incluídos posteriormente em uma somatória geral (biatlo, decatlo, LPO).

3.2.1 Construção do calendário esportivo

O calendário esportivo é um documento construído entre as federações oficias do desporto. Estrutura-se com uma hierarquia não oficial: internacional e nacional, sendo que ambos estão, de certa forma, interligados. Sua elaboração deve seguir padrões claros e universais, para reduzir ao mínimo a possibilidade de surgirem conflitos de datas.

Alguns fatores territoriais e históricos ainda se confundem no processo de elaboração racional dos calendários esportivos. Para exemplificar, Correa (2012, p. 4) afirma que o calendário esportivo do sudoeste africano foi composto respeitando-se os feriados religiosos:

> O calendário esportivo no sudoeste africano dependeu, em parte, dos feriados religiosos. Nos feriados de Páscoa, Pentecostes e Natal ocorriam, geralmente, as corridas de cavalos. A caça esportiva também tinha o seu período mais propício em conformidade com as estações do ano e do ciclo de reprodução de certos animas para a "caça grossa". Para a prática da ginástica, havia treinos semanais e torneios anuais. Para essas modalidades uma série de materiais era importada da Europa, especialmente da Alemanha.

Segundo Gomes (2009, p. 42), os calendários esportivos únicos podem ser seletivos ou combinados, os quais, "em nível organizacional, selecionam os calendários das competições de diferentes desportos". No entanto, sua elaboração precisa:

- permitir que o atleta saia de longos ciclos do processo competitivo e de treinamento;
- envolver atletas de destaque de diferentes idades e sexos;
- distribuir as competições de maior e menor relevância (geralmente, as de menor grau antecedem as de maior grau) permitindo a organização da preparação inicial, o atingimento das metas e o período de transição;
- promover a estabilidade do calendário, evitando mudanças bruscas, que têm o potencial afetar todo o sistema de preparação dos atletas e de competição

No Brasil, a Secretaria Nacional de Esporte de Alto Rendimento (SNEAR) do Ministério do Esporte (ME) é a responsável pela elaboração do Calendário Esportivo Nacional (CEN). Conforme o ME, a Secretaria

> *entende que a programação de eventos desportivos a serem promovidos ou deles participarem as Entidades Nacionais de Administração do Desporto – (Associações/Confederações e Federações Nacionais) devem estar reunidos em um único documento, denominado Calendário Esportivo Nacional – CEN, para que não haja superposição de eventos importantes em datas e locais coincidentes.* (Brasil, 2020)

Todavia, são comuns conflitos nas agendas de competições. Nesse caso, como o calendário esportivo é um documento que permite antecipação, a maturidade esportiva precisa nortear as ações individuais. Isso porque o estabelecimento de metas para cada competição se torna essencial para evitar uma preparação amadora. Nessa lógica, de acordo com Matveev (2001, p. 82, tradução nossa):

> *É muito difícil, e em alguns casos impossível, conseguir uma relação racional do calendário esportivo geral e do sistema individualizado das competições quando as competições principais de alta responsabilidade, nas quais se objetiva a participação do mesmo grupo de atletas, estão planificadas no calendário geral contrariamente às regularidades da aquisição e conservação da forma esportiva.*

Pensemos nas modalidades de esportes de combate: Como pedir para o atleta "dosar" a *performance* em uma competição de início de temporada? Em um cenário como esse, o nível de cobrança por parte do técnico precisa ser o diferencial, evitando que o próprio atleta exija demais de si mesmo.

Além disso, é necessário saber trabalhar com a vaidade dos atletas. Muitos não conseguem lidar com uma derrota em competições pouco importantes e, por consequência, mesmo com níveis incipientes de preparação desportiva (início de temporada), dão o máximo de si para a vitória, potencializando os riscos de lesões imediatas ou posteriores.

3.3 Variáveis das competições esportivas que influenciam a *performance* do atleta

Avançando para uma microestrutura, podemos incluir no complexo processo do sistema de preparação a variável competitiva. Nesse sentido, quais seriam os fatores relacionados às próprias competições e que poderiam influenciar a atividade competitiva?

Partindo de uma perspectiva linear, alguns profissionais, técnicos, preparadores físicos e professores de Educação Física em geral, desconsideram as possíveis variáveis que surgem durante uma competição, deixando ao atleta a responsabilidade de se adaptar ao momento.

Todavia, o processo de preparação desportiva deve considerar a maior quantidade possível de variáveis. Para isso, o estudo da área, o conhecimento do clima, bem como as particularidades culturais precisam ser respeitadas.

De acordo com Courneya e Carron (1991; 1992), há cinco importantes variáveis relacionadas que devem ser observadas no processo de preparação e, se possível, previstas com o máximo de precisão:

- a definição do local de realização da competição;
- o comportamento dos torcedores;
- as instalações e os equipamentos;
- as condições geográficas e climáticas;
- o caráter da arbitragem.

Autores como Zajonc (1965), Altman (1975), Geen (1989), Dunkel-Schetter e Bennett (1990), Lakey e Drew (1997) buscaram esclarecer quais são os fatores de *performance* e os fatores de territorialidade. Suas contribuições se enquadram em diferentes teorias, conforme segue:

- **Teoria da territorialidade** – Por essa visão, os indivíduos se identificam com determinados locais, protegendo-os contra qualquer intrusão (Sampaio; Janeira, 2005).
- **Teoria da facilitação social** – Essa abordagem foca as alterações de comportamento relacionadas às tarefas provocadas pela presença de observadores. Nessa situação particular, "pretende-se explicar a vantagem de competir em casa pelos efeitos provocados pela presença e participação do público no jogo" (Sampaio; Janeira, 2005, p. 236).
- **Teoria da percepção do apoio social** – Por essa perspectiva, as competições são analisadas com base nas percepções generalizadas de apoio dos indivíduos. Isso se refere ao fato de as equipes disputarem os jogos em casa produz nos jogadores, treinadores e comissão uma sensação de apoio social extremamente positiva (Sampaio; Janeira, 2005).

O processo de treinamento precisa estar alinhado com as características da competição. Se o sistema de treinamento não envolver ou, ao menos, simular ao máximo as condições da competição, o atleta não pode se considerar totalmente apto para o evento, especialmente no que tange às características psíquicas.

3.3.1 Definição do local de realização da competição

O local de realização é uma variável de suma relevância no processo competitivo, tão importante que costuma ser demoninada *fator casa*. A literatura, porém, ainda é reduzida no que se refere aos estudos de suas influências.

No entanto, Courneya e Carron (1991), em estudo sobre a importância do local de realização em competições esportivas, analisaram 1.812 jogos de diferentes equipes e concluíram que 55,1% das competições são vencidas em casa. Com base em suas pesquisas, os autores criaram um modelo estrutural de investigação centrado na vantagem de se competir em casa.

O fator casa é uma importante ferramenta para a comissão técnica, pois permite ajustar as necessidades dos atletas às exigências dos locais de competição. Nesse sentido, um dos fatores de maior influência no processo que pode determinar a *performance* é o que se convencionou chamar de *ansiedade-traço*, definida como a "disposição geral de uma pessoa para perceber situações como ameaçadoras" (Schmidt, Wrisberg, 2010, p. 62).

Embora o processo de preparação possa ter sido aplicado a vários atletas que compõem uma mesma equipe, cada um responde de forma particular ao fator casa, por conta justamente de sua ansiedade-traço individual. Assim, o técnico precisa conhecer muito bem seus atletas para saber qual tipo de ativação cada um precisa receber. Muitos respondem bem a comandos verbais mais intensos, ao passo que outros se sabem melhores diante de comandos verbais menos intensos, por exemplo.

3.3.2 Comportamento dos torcedores

Esse fator está diretamente relacionado ao local de competição e associado ao componente ansiedade-traço. Sabe-se que a competição é, por sua natureza, um ambiente estressante. Logo, vincular a esse componente o comportamento da torcida adversária potencializa o estresse.

De forma prática, o processo de preparação para modalidades de esportes individuais deve contemplar, especialmente ao final do período de preparação específica, modelos de competição-teste que simulem o comportamento a torcida adversária.

A competição-teste consiste em um pequeno campeonato interno realizado com academias e/ou clubes parceiros. Nesse cenário, pede-se à torcida que simule situações de estresse competitivo, como cantorias, por exemplo, a fim de preparar os atletas para o que poderão vivenciar em competições oficiais.

3.3.3 Instalações e equipamentos

Há pouca preocupação de técnicos e atletas quanto às instalações e aos equipamentos utilizados nas provas e competições. Entretanto, essa é uma das variáveis mais relevantes que pode exercer influência sobre a *performance*. Nesse sentido, merecem atenção especial:

- a qualidade de revestimento ou o tipo de piso (quadra sintética, natural etc.);
- o período do dia em que as provas serão realizadas;
- o cronograma (comum, incomum);
- o tipo de iluminação (natural, artificial, intensidade e distribuição);
- a qualidade dos equipamentos (novos, antigos, padronizados, não padronizados);
- os alojamentos (confortáveis, desconfortáveis, distância do local de competição).

Saber predizer essas condições permite que no processo de treinamento o técnico faça adaptações, com o objetivo de que haja situações que surpreendam para o atleta no dia da competição.

3.3.4 Condições geográficas e climáticas

Muitos atletas, em períodos específicos de seus treinamentos, buscam se adequar a certas situações geográficas, como altitude e clima, por exemplo. O desempenho em grandes altitudes está diretamente relacionado a fatores fisiológicos que demandam um processo adaptativo.

À medida que se eleva a altitude em relação ao nível do mar a pressão barométrica cai. Diferentemente do que se preconiza usualmente, é muito importante destacar que a quantidade de O_2 em altas altitudes não se altera (20,93%), mas sua pressão cai com a pressão atmosférica, dificultando a captação de O_2. Já que a difusão desse gás se condiciona por gradientes de pressão, quanto menor for a pressão atmosférica, menor será a difusão de O_2 nos alvéolos, reduzindo, por sua vez, a porcentagem de saturação de hemoglobina e o transporte de O_2.

Nesse sentido, muitos estudos investigaram os processos adaptativos agudos e crônicos que poderiam oferecer certo benefício à *performance* atlética. Alguns exemplos são significativos; nas Figuras 3.1 e 3.2, apresentamos estratégias utilizadas para a adaptação aguda e crônica em situação de hipóxia, como a cama de hipóxia hipobárica e a máscara de hipóxia, que supostamente simula o treinamento em altitude e tem sido sugerida para aumentar a capacidade aeróbica (VO_2máx.).

Figura 3.1 Cama para hipóxia hipobárica

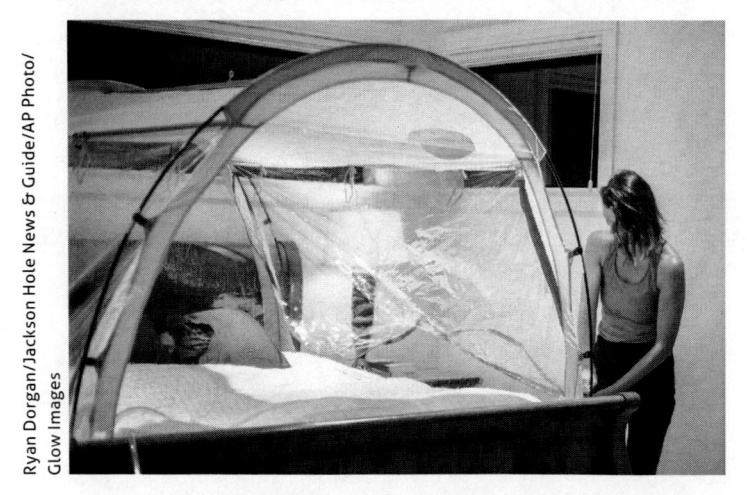

Figura 3.2 Máscara de hipóxia

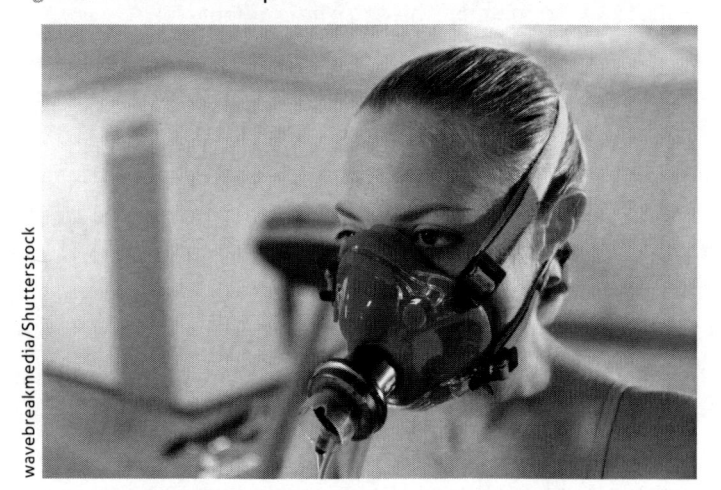

Alguns estudos indicam que a adaptação proporcionada pelas ferramentas que simulam hipóxia pode melhorar a *performance* na competição que apresenta essa variável como condição. No entanto, tais estudos, em muitos casos, mostram-se contraditórios.

Nesse sentido, importantes considerações foram feitas a esse respeito, e renomadas instituições de pesquisa investiram nesses materiais, atribuindo a essas tecnologias a nomenclatura *Living High Training Low*. Tais instituições também desenvolveram protocolos, como o HAST (de *Hypoxia Altitude Simulation Test*). Sob essa ótica, Carvalho (2015) evidenciou que esse tipo de treinamento se mostra eficiente para a melhora do condicionamento físico de atletas de alto rendimento.

Porcari et al. (2016) consideraram que um treinamento de cicloergômetro ao longo de seis semanas com a máscara não parece atuar como um simulador de altitude, mas como um dispositivo de treinamento muscular respiratório. Por seu turno, Zagatto, Cavalcante e Moraes (2007) sinalizaram que não há mudanças significativas em variáveis anaeróbias. Já Geller (2005), ao examinar atletas em treinamento hipóxico intermitente (THI), encontrou algumas adaptações sobre parâmetros hematológicos, capacidade aeróbica e o desempenho de corrida em condições de hipóxia e normóxia, indicando que o método pode ser usado, ao nível do mar, como alternativa de preparação para competições em altitude.

Antecipar-se ao máximo às condições climáticas da cidade em que a competição será realizada, considerando aquelas previstas para o dia da competição, também representa vantagens à *performance*. Pallotta, Herdies e Gonçalves (2015) realizaram um estudo relevante a respeito das condições de tempo e de conforto térmico relacionados ao desempenho esportivo aplicado à maratona da Cidade do Rio de Janeiro. Para isso, fizeram o uso de prognósticos de tempo aplicados ao esporte. Os autores concluíram que:

> *a avaliação das condições meteorológicas e de conforto térmico em pontos específicos da maratona mostrou que há diferenças significativas entre as etapas da prova e, que a relação entre a situação termicamente mais confortável (desconfortável) e o melhor (pior) tempo é válida na Maratona da Cidade do Rio de Janeiro.* (Pallotta; Herdies; Gonçalves, 2015, p. 223)

É interessante imaginar outras modalidades competitivas muito mais intensas, como as modalidades de ultramaratonas, associadas ao extremo dos climas, tal como a ultramaratona do deserto.

3.3.5 Caráter da arbitragem

Ainda que se consiga simular ao máximo a realidade competitiva no processo de preparação, outras variáveis são difíceis de controlar. A arbitragem é uma delas.

Não foram poucas as competições nacionais e internacionais que tiveram seus resultados cunhados por erros de arbitragem. A esse respeito, Platonov (2008, p. 133) afirma que "há casos em que fica evidente a intencionalidade da atitude do árbitro na avaliação subjetiva de uma competição".

Nesse caso, levar em consideração o conjunto de arbitragem no processo de preparação é outra variável de relevância na competição. Conhecê-lo com antecedência pode subsidiar algumas adaptações importantes para a competição.

Tendo essa varável como objeto de estudo, Miranda (2015) realizou testes em duas categorias de árbitros de judô – nacional e estadual – para avaliar as respostas psicofisiológicas deles e compará-las com seus níveis de experiência. O autor constatou que os árbitros dessa modalidade, para buscarem seu equilíbrio psicofisiológico, efetuam autorregulações orgânicas motivadas por sua experiência. Isso demonstra que a experiência do árbitro permite regular suas respostas mesmo sob altas condições de estresse.

3.3.6 Comportamento dos treinadores/ técnicos

O comportamento dos treinadores, mesmo orientado pelas normas da competição, pode variar significativamente de acordo com seus níveis de ansiedade, experiência e formação.

Com relação ao tratamento dado ao atleta, o comportamento do técnico no processo de competição pode ser assistencial, interventor e indiferente. Seja qual for a característica do treinador, ele precisa de uma formação ampla e de autoconhecimento para saber dosar suas atitudes.

Talvez seja mais relevante considerar a forma como os atletas o enxergam. Desde que haja um bom relacionamento entre técnico e atleta dentro dos limites da urbanidade, este pode ser capaz de se antecipar às reações daquele.

O comportamento dos treinadores durante o processo competitivo é objeto de estudo que tem sido pouco explorado, especialmente em modalidades individuais. Todavia, os estudos existentes indicam que treinadores e professores de sucesso procuram estabelecer uma relação de correspondência entre a *performance* do atleta e suas atitudes (Chelladurai, 1984).

Segundo Moraes et al. (2010, p. 37), alguns estudos "afirmam que o comportamento do treinador influencia no nível de performance alcançado pelos aprendizes bem como no nível de performance de atletas de alto rendimento".

Côté et al. (1995) elaboraram um modelo teórico capaz de avaliar: características centrais (organização, treinamento, competição e características periféricas); características pessoais dos treinadores; características pessoais dos atletas; e fatores contextuais que interferem na promoção da *performance* dos atletas. Deste esforço, nasceu o Coaching Behavior Scale for Sport (CBS-S) – em português, escala de comportamento do treinador. Esse instrumento apresenta duas variações: escala de comportamento do treinador versão treinador (ECT-T) (Silveira, 2005) e escala de comportamento do treinador versão atleta (ECT-A) (Lôbo; Moraes; Nascimento, 2005), possibilitando uma comparação entre as percepções dos atletas (ECT-A) e a dos treinadores (ECT-T).

Possivelmente, trata-se de uma das ferramentas mais interessantes no que se refere ao acompanhamento da relação entre treinador e atleta, uma vez que "permite verificar as possíveis diferenças ou similaridades envolvendo as respostas dos treinadores e de seus atletas e, consequentemente, possibilita um melhor entendimento acerca do processo de interação treinador-atleta" (Moraes et al., 2010, p. 38).

Sinteticamente, as respostas variam de acordo com o perfil do treinador/técnico e o perfil do atleta. Logo, independentemente de quem sejam atleta e treinador, o que importa é considerar como se dão suas relações. Afirmações comumente utilizadas para justificar derrotas, em muitos casos, embasam-se nas características emocionais do técnico; entretanto, nem sempre se dá importância para como o atleta interpreta tal relação ou, até mesmo, se ela é benéfica no processo de preparação desportiva.

3.4 Fatores determinantes para os resultados da atividade competitiva

Por mais que se busque controlar a maior quantidade possível de variáveis no processo de preparação desportiva, como as qualidades físicas, motoras, cognitivas e psicológicas, é preciso considerar fatores inerente ao processo competitivo.

Apenas as avaliações gerais ou específicas das modalidades, para a objetivação dos indicadores de desempenho no processo de preparação, não são suficientes para se alcançar uma análise fidedigna de *performance* atlética. Portanto, a fim de alcançar um controle mais realista, muitos profissionais do esporte compreenderam que a melhor avaliação de *performance* é propriamente a competição.

Para isso, também existe um planejamento e um controle racional de estruturação dessas competições. Geralmente, elas seguem uma disposição que respeita o acúmulo gradual de aquisição de qualidades para o atleta.

Logo, elas devem ser observadas e colocadas no modelo de planejamento de treinamento do atleta ao longo da temporada, respeitando-se seu nível de aquisição performática para as diferentes categorizações:

- **Competições de controle** – Servem como forma de avaliar o planejamento precedente; permitindo adaptações; preparam o atleta psicologicamente para as etapas posteriores (atleta ainda com nível de preparação incipiente).
- **Competições de ligação** – Propiciam o aperfeiçoamento das qualidades técnicas e sanam os problemas ocorridos nas competições de controle.
- **Competições principais** – Permitem que o atleta explore ao máximo suas qualidades (o objetivo principal do atleta).

Exposto a situações competitivas o atleta tem chances de se adaptar de forma mais precisa aos fatores imprevisíveis dispostos nas competições, tais como tempo, clima, torcida, sorteio das ordens de competição etc.

As estratégias para a definição das metas competitivas em conformidade com o formato de competição variam substancialmente. Há diferentes paradigmas para tratar disso, conforme apresentado no Quadro 3.1.

Quadro 3.1 **Paradigmas de metas competitivas**

Paradigma	Tese	Benefícios	Malefícios
Do máximo rendimento	Os atletas precisam dar seu máximo em todas as competições determinadas em seu calendário.	Maior tempo de adaptação às condições exigidas na competição; com isso, ele pode chegar mais bem adaptado às competições principais. Manutenção da regularidade de resultados ao longo do ano.	Sobrecarga física e psíquica. Perda de qualidade técnica; pode levar o atleta a reduzir seus resultados nas competições principais.

(continua)

(Quadro 3.1 – conclusão)

Paradigma	Tese	Benefícios	Malefícios
Da redução quantitativa	Não é necessário participar de tantas competições.	Concentração de esforços nas competições principais. Menor desgaste psíquico, permitindo que o atleta dispute as competições principais em melhor forma física.	Obstáculos à adaptação às condições e variáveis competitivas. Redução do tempo de resposta, devido à falta de adaptação às condições imprevisíveis que podem ocorrer na competição, diminuindo a manifestação de seus melhores resultados nas competições principais.
Do aproveitamento qualitativo	O atleta deve participar do maior número de competições possível com aproveitamento diferenciado. Cada competição é única, e o nível de cobrança de resultados precisa ser diferente.	Melhor adaptação competitiva sem os desgastes excessivos para as competições principais. Ausência de sobrecarga psíquica.	Difícil aplicação com atletas vaidosos e com pouca maturidade esportiva. Possibilidade de prejudicar atletas patrocinados, pois não há uma manutenção de resultados ao longo do ano.

Assinalamos que, embora haja uma preocupação com as competições, ainda são poucos os técnicos, treinadores e professores que racionalizam a dosagem das competições anuais de forma racional.

Há, como se sabe, muitas variáveis para essa falta de estrutura, entre as quais citamos: precária formação de muitos treinadores; má orientação dos calendários esportivos; quantidade de federações da mesma modalidade que mantêm calendários próprios (jiu-jítsu, Muay Thai, karatê e outras); atletas que vivem do esporte e recebem dinheiro por competições de que participam; falta de competições de preparação e de ligação dependendo da modalidade e do país nativo do atleta; falta de apoio para viagens.

Nesse sentido, a orientação das competições – mesmo com todas as dificuldades envolvidas no desporto nacional – deve ter uma estrutura racional, pensada e definida de acordo com a realidade vivenciada por atleta e técnico.

3.5 Estratégia e tática nas competições de modalidades individuais

Quando se fala em tática no esporte, inevitavelmente o ouvinte faz associação com o conceito de estratégias de ação, as quais podem fornecer ao atleta vantagens no momento do processo competitivo. De acordo com Matveev (1985, p. 148, tradução nossa), a tática esportiva "é a arte de conduzir a luta esportiva".

Entretanto, a definição das ações táticas está diretamente relacionada à estrutura de preparação do atleta, uma vez que as escolhas pelas estratégias esportivas estão diretamente envolvidas com o potencial de mobilização dos recursos energéticos, bem como com variáveis psicológicas características da modalidade e do atleta.

Outra importante observação está na conceituação de tática, que pode variar de acordo com cada categoria de modalidade: cíclicas ou acíclicas. Isso quer dizer que há uma estrutura de preparação tática que precisa ser respeitada no processo de preparação. Segundo Platonov (2008), esse conceito abrange:

- **conhecimentos táticos** – representações dos meios e formas da tática;

- **perícia tática** – manifestação da consciência do atleta – ação realizada pelo conhecimento tático;
- **habilidades táticas** – ações táticas aprendidas, que surgem na forma de ações táticas completas realizadas no treinamento e na competição;
- **raciocínio tático** – atividade mental do atleta durante o treinamento e na competição em condições competitivas.

A base da preparação tática deve ser constituída pelos seguintes componentes:

- domínio dos meios e tipos de táticas para cada modalidade;
- relação entre tática e modalidade;
- relação entre tática e forma de competição;
- articulação entre tática e nível de aperfeiçoamento das outras qualidades.

3.5.1 O projeto tático para modalidades esportivas individuais

Como observado, é necessário considerar um projeto tático para cada espécie de modalidades esportiva e tipo de competição. Embora isso pareça óbvio, nem todos os profissionais de Educação Física conseguem apreender facilmente as particularidades que envolvem a formação da organização do planejamento tático.

A esse respeito, elencaremos algumas importantes variáveis nos esportes cíclicos. Por exemplo, em corridas de média e longa distâncias, é preciso determinar com antecedência o *pacing strategy* (ou ritmo de corrida), que basicamente se refere a como o atleta pretende controlar sua velocidade.

Carmo et al. (2012) citam diferentes estratégias utilizadas nas corridas e buscam indicar as melhores para cada formatação, conforme exposto:

- **Estratégia constante** – O atleta mantém (ou altera pouco) a velocidade ao longo da prova.

- **Estratégia negativa ou decrescente** – O atleta inicia a prova em alta velocidade e a diminui ao longo da prova.
- **Estratégia positiva ou crescente** – O atleta inicia a prova em velocidades baixas e aumenta gradualmente até o final da corrida.
- **Estratégias variáveis** – A distribuição da velocidade não segue um padrão bem-definido e é alterada ao longo da prova.

A seguir, no Gráfico 3.1, é possível visualizar a formatação gráfica das diferentes estratégias de corrida apresentadas por Carmo et al. (2012).

Gráfico 3.1 Diferentes estratégias de corrida utilizadas durante provas de média e longa distância

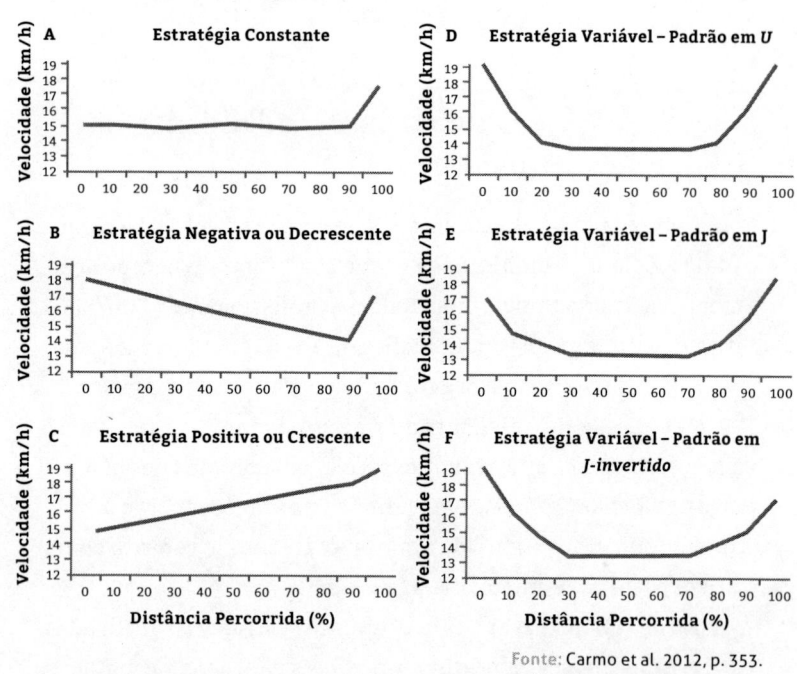

Fonte: Carmo et al. 2012, p. 353.

A opção pela estratégia também precisa considerar o nível de fadiga do atleta, avaliado pela percepção subjetiva de esforço (PSE). De acordo com Carmo et al. (2015), a PSE parece ter significativa influência nos ajustes da velocidade ao longo da prova de corrida de rua, permitindo afirmar que o aumento da velocidade observado no último quilômetro pode estar associado ao baixo risco de fadiga prematura.

Por essa consideração, concluímos que a estratégia/tática está diretamente associada à mobilização dos recursos energéticos envolvidos na prática. Todavia, melhor do que definir a estratégia de acordo com o tipo de prova é estabelecer a estratégia de acordo com o perfil do atleta.

A tática de atletas de modalidades cíclicas de velocidade se define pela potência e capacidade de mobilização de recursos láticos e aláticos de fornecimento energético. Dessa forma, seja qual for a estratégia do atleta, sua tática será diretamente proporcional à forma como ele combina o consumo de carboidratos e de ácidos graxos durante o percurso.

Já no contexto das lutas, a elaboração de um planejamento tático é totalmente diversa, em virtude da imprevisibilidade do ambiente competitivo. No entanto, há formas de tentar predizer algumas situações, quais sejam:

- **Predição pela quantidade das ações motoras envolvidas** – É possível traçar um planejamento tático conhecendo com antecedência os padrões de ações motoras relativos à modalidade. Por exemplo, no jiu-jítsu, Del Vecchio et al. (2007) quantificaram o tempo de ações em pé e no solo, afirmando que há muito mais tempo de luta no solo. Franchini e Sterkowicz (2003), após fazerem um levantamento de ações técnicas realizadas em 3.950 lutas dos campeonatos mundiais e Jogos Olímpicos disputados entre os anos de 1995 e 2001, concluíram que há maior percentual de *ippon* e *yuko* nas competições masculinas em relação às femininas; maior percentual de punições na categoria pesado masculino em relação às demais; maior percentual de *ippon* por meio de *sutemi* no masculino e de *ossae-waza* no feminino; maior variação de técnicas que resultaram em *ippon* na categoria masculina em comparação com a feminina. Dessa forma, ter ciência das ações motoras envolvidas na modalidade e categoria oferece maior grau de planejamento e, portanto, uma antecipação muito maior, focando nas estruturas do processo de treinamento de forma cada vez mais precisa para a realidade competitiva.

- **Predição pelo tipo de oponente** – Em algumas modalidades de luta, é possível ter conhecimento prévio do oponente (por exemplo, no boxe e no MMA profissional). Essa realidade propicia, já no começo do processo de preparação, uma orientação tática de acordo com o que o atleta vivenciará – à exceção de quando ocorre uma substituição repentina de lutadores por motivos de saúde ou outros. Lutadores experientes têm boa noção das características de seus principais rivais. Nesse caso, em seus planejamentos táticos, inclui-se a predição das ações de seus oponentes.

- **Predição pelo tipo de lutador** – A apesar das especificidades do sistema energético de cada modalidade, cada lutador tem características específicas. Atletas de MMA com bom potencial de mobilização de fibras rápidas e velocidade-força podem optar por iniciar um combate com bastante agressividade e com muitos ataques, objetivando terminar a luta o mais rápido possível. Todavia, atletas que detêm um bom sistema de recuperação e boa assimilação de golpes podem optar por cansar seu oponente e esperar o final da luta para atacar com maior precisão.

Síntese

Ao longo deste capítulo, demonstramos que as competições são o objetivo da prática esportiva de alto rendimento. Por isso, todo o processo de preparação esportiva precisa levar em conta as variáveis competitivas. Além disso, explicamos que cada competição esportiva tem características ímpares que precisam ser consideradas no processo de treinamento.

Ainda, abordamos que as instalações, a arbitragem, o tempo, o clima, as características geográficas, o tempo e a forma de translado até o local de competição devem determinar o formato de elaboração do sistema de treinamento.

Com base no exposto, destacamos os seguintes tópicos para uma reflexão mais aprofundada:

- O processo de preparação desportiva deve levar em consideração as formas das competições esportivas, bem como todas as variáveis que as envolvem. Quanto mais bem planejado for o sistema de competições, maior será a probabilidade de vitória.
- Nem todas as competições planejadas no calendário devem ter o mesmo nível de exigência; nesse sentido, cobrar a vitória em todas as competições, especialmente em modalidades desportivas individuais, pode ser prejudicial à preparação do atleta, potencializando lesões.
- O trabalho tático está diretamente relacionado ao processo de preparação.
- Simular as variáveis competitivas no processo de treinamento é condição essencial para o processo de preparação desportiva, pois reduz as variáveis intervenientes, evitando surpresas para o atleta.

Atividades de autoavaliação

1. As competições são essenciais no processo de preparação do atleta. Por isso, reconhecer e prever suas variáveis pode ser determinante para a alta *performance*. A esse respeito, assinale a alternativa que melhor representa as variáveis competitivas no processo de preparação do atleta:

a) O processo de treinamento precisa incluir a predição climática.
b) De acordo com estudos, o "fator casa" tem pouca relevância para atletas treinados.
c) Em modalidades cíclicas, fechadas, com movimentos muito estereotipados, a tática competitiva não é tão relevante como a preparação física em si.
d) O processo de treinamento deve envolver a predição ambiental, a qual determina os fatores táticos da atividade competitiva.
e) Em modalidades cíclicas, abertas, com movimentos muito estereotipados, a tática competitiva não é tão relevante como a preparação física em si.

2. As competições são o ápice do esporte. Nesse sentido, há um sistema de treinamento e um sistema competitivo que tem variáveis interdependentes entre si. Entre elas, encontra-se o calendário esportivo. No que diz respeito às relações intervenientes entre os sistemas de treinamento e de competições, assinale a alternativa que melhor descreve as relações entre o treinamento e o calendário esportivo:

a) Em modalidades esportivas individuais como o surfe, existem competições de maior ou menor relevância, facilitando a escolha do atleta por sua competição-alvo.
b) Nas modalidades competitivas individuais, é preciso atribuir a todas as competições o mesmo grau de relevância.
c) Não é necessário atribuir o mesmo grau de relevância a todas as competições, e a decisão de participar delas ou não precisa ser tomada em conjunto com toda a comissão técnica. Contudo, no caso de competições em que o patrocínio é determinante, fica mais difícil o atleta decidir não participar delas.

d) Não é necessário atribuir o mesmo grau de relevância a todas as competições, e a decisão de participar delas ou não precisa ser tomada em conjunto com toda a comissão técnica. Contudo, no processo de treinamento, é preciso ter o mesmo grau de cobrança.

e) Em modalidades esportivas individuais fechadas como as lutas, existem competições de maior ou menor relevância, facilitando a escolha do atleta por sua competição-alvo.

3. O processo de preparação deve considerar os fatores ambientais das competições-alvo. No entanto, nem sempre é possível estar presente no local de competição durante o processo de preparação. Sabendo disso, assinale a alternativa que corresponde ao processo de preparação levando em conta os fatores ambientais:

a) Caso haja previsão de chuva para o dia da competição principal, é fundamental que o atleta treine nas mesmas condições.

b) Caso a competição-alvo seja disputada em um local de altitude elevada, um atleta de corrida de rua precisa que seu processo de treinamento seja realizado, em todos os momentos de sua preparação, também em um local de altitude elevada.

c) O treinamento com máscara de hipóxia é uma estratégia excelente para obter aumento do VO_2máx., pois permite ao atleta simular uma situação de altitude.

d) Exercícios de preparação especial precisam considerar as condições climáticas previsíveis e geográficas enfrentadas na competição-alvo.

e) Exercícios de preparação geral têm de levar em conta as condições climáticas previsíveis e geográficas enfrentadas na competição-alvo.

4. As estratégias são elementos essenciais no processo de preparação. A esse respeito, assinale a alternativa que descreve corretamente a relação entre a preparação física e a preparação tática:

   a) As estratégias de passada precisam fundamentalmente considerar o tipo de prova.
   b) As estratégias de passada precisam fundamentalmente considerar o perfil do atleta.
   c) As estratégias em competições não levam em consideração as estratégias nutricionais.
   d) A estratégia competitiva para a competição-alvo precisa ser estabelecida desde o início da temporada.
   e) As estratégias de passada precisam considerar somente o perfil do atleta.

5. O processo de competição, para além de ações motoras, envolve a elaboração de procedimentos táticos, os quais podem ser desenvolvidos de acordo com as características do atleta e do tipo de competição. Nessa perspectiva, assinale a alternativa correta a respeito dos sistemas de competição:

   a) Modalidades como as lutas, por serem mais previsíveis, apresentam maior facilidade para a elaboração tática.
   b) Modalidades cíclicas mais imprevisíveis não contam com um sistema de predição; por isso, não necessitam de tática.
   c) Modalidades como as lutas, por serem mais imprevisíveis, têm maior dificuldade no processo de predição e, portanto, maiores dificuldades na elaboração tática.
   d) O fato de serem previsíveis ou imprevisíveis não acarreta maiores dificuldades para o processo de predição esportiva.
   e) Modalidades cíclicas mais imprevisíveis apresentam um sistema de predição, mas não necessitam de tática.

⦀ Atividades de aprendizagem

Questões para reflexão

1. Imagine-se como um preparador físico de um maratonista que fará sua competição principal em um local com grandes possibilidades de neve. Logo, reflita sobre quais seriam as estratégias que você poderia estabelecer no Brasil para adaptar seu atleta a essas condições.

2. Suponha que, sendo preparador físico de uma atleta de surfe, você conhece as vantagens e desvantagens físicas e motoras que ela apresenta. Entre as vantagens, destaca-se a velocidade de recuperação, e como desvantagem, a lentidão nas manobras. Nesse sentido, qual estratégia de competição você sugeriria para esse atleta durante as baterias?

Atividade aplicada: prática

1. Para esta atividade prática, escolha um atleta de esporte individual de sua preferência. Em seguida, analise as condições principais de sua atividade competitiva. Na sequência, observe e descreva se existe um padrão de escolha tática nas competições principais disputadas por esse atleta.

Capítulo 4

Preparação física, técnica e psicológica nos esportes individuais

Até este ponto da obra, explicamos que o treinamento desportivo segue uma orientação completamente diferente daquela preconizada pelo *fitness*. Poucas relações diretas podem ser feitas entre treinar um atleta e treinar, na academia, um praticante que visa a fins estéticos.

Nesse sentido, dentre as principais diferenças encontra-se a estrutura complexa de transferência de qualidades físicas. Na academia, infelizmente, a orientação se limita ao emagrecimento e aumento de massa muscular; já nos esportes individuais, o objetivo é esportivo, materializado em *performance* e resultados.

Nos capítulos anteriores, demonstramos que no início de um programa de treinamento para esportes individuais, deve-se levar em consideração todas as qualidades físicas: desde as que não estão diretamente envolvidas na modalidade até as que se referem especificamente à modalidade. Chamamos tais qualidades, respectivamente, de *físicas gerais* e *físicas especiais*.

Todavia, para isso, deve estar claro como estruturar na prática essa seleção, quais as orientações mais adequadas e como alcançar o aperfeiçoamento geral e específico das qualidades físicas, motoras, cognitivas e psicológicas do atleta. Por isso, neste capítulo, nosso objetivo é expor os aspectos do controle motor (físicos, psicológicos etc.), bem como os procedimentos de treinamento nos esportes individuais.

4.1 Preparação física: qualidades gerais e especiais

As qualidades físicas de base/gerais podem ser transferíveis para as qualidades físicas intervenientes/especiais da modalidade, bem como ser transferíveis entre si, potencializando a *performance* desportiva.

De acordo com Tubino (2003), o atleta cujo sistema aeróbio é bem-desenvolvido, além de se adaptar melhor a extensos períodos de trabalhos, apresenta uma recuperação mais eficaz em esforços intensos. Na visão de Bompa (2001), o treinamento da resistência muscular pode gerar benefícios para o sistema aeróbico. Com efeito, o treinamento da resistência muscular melhora a regulação cardiovascular conjuntamente com o metabolismo aeróbio. Nesse sentido, treinar a resistência muscular potencializa a eficiência fisiológica. Conforme Weineck (2003), treinar a resistência favorece a força rápida, a velocidade, a força e a resistência de força e, além de potencializar a habilidade para a execução das tarefas motoras exigidas pela modalidade.

Sob essa ótica, observe o Quadro 4.1, a seguir, que ilustra as qualidades físicas gerais e especiais nas modalidades desportivas de combate.

Quadro 4.1 Qualidades físicas de base e específicas para desportos de combate

Qualidades físicas de base	Qualidades físicas específicas
Resistência aeróbia	Força rápida
Resistência de força	Resistência anaeróbia
Flexibilidade	Velocidade de movimentos
Força máxima	Potência
Coordenação	Força específica

Esse quadro é apenas um exemplo, pois as qualidades podem variar de acordo com a modalidade. É importante recordamos que o treinamento das qualidades físicas gerais e especiais faz parte da estruturação anual do calendário do atleta, cabendo ao técnico ou preparador físico distinguir e estruturar esse planejamento.

Entretanto, a pergunta que surge é: Quais são os momentos corretos para se trabalhar as qualidades físicas gerais e especiais? Esse planejamento precisa seguir uma orientação racional, dividida da seguinte forma:

- **Período preparatório** – Momento em que se estabelece uma base sólida de formação, por meio da qual há o desenvolvimento da maior quantidade possível de qualidades. Esse período se subdivide em:
    - **Preparação geral** – Período que envolve: o desenvolvimento das qualidades físicas de base; a observação das

piores qualidades avaliadas nas avaliações diagnósticas; a proposição de exercícios que podem ser completamente diferentes da atividade esportiva do atleta; predomínio do volume sobre a intensidade; ênfase sobre a preparação física. A duração dessa preparação é aproximadamente duas vezes maior que a da específica.

- **Preparação específica** – Momento em que as atividades já se aproximam em forma e conteúdo das tarefas motoras e físicas requeridas pela modalidade do atleta. Nessa fase, também ocorrem: o predomínio da intensidade sobre o volume; a ênfase sobre a preparação técnico-tática; a preparação física com alto grau de especialização, com o objetivo de preparar o atleta para a competição. A condição competitiva do atleta, nessa fase, ainda é incipiente.

- **Período competitivo** – Momento em que as atividades de treinamento são mais específicas, aproximando-se cada vez mais da realidade competitiva. Também é o momento de utilizar as competições como forma de aperfeiçoamento e de simular o ambiente da competição principal (competição-alvo). A carga de trabalho é reduzida, e evitam-se alterações bruscas de trabalho. Há ênfase na preparação física específica, predomínio das preparações técnica e tática específicas, além da manutenção da forma esportiva até o final do período competitivo.

- **Período de transição** – Fase que abrange recuperação pós-competições; preparação para o macrociclo seguinte; perda temporária da forma esportiva; recuperação do organismo; recuperação passiva/ativa; realização de atividades recreativas, com volume e intensidade baixos.

Com relação à duração total do treinamento, o período de preparação é, geralmente, o maior, uma vez que demanda uma grande disponibilização de variáveis físicas e motoras incluídas na modalidade.

A esse respeito, observe a Figura 4.1, que apresenta uma forma de dispor essa estrutura preparativa. Na imagem, cada letra representa um modelo de periodização clássica, sendo: I – período preparatório; II – período competitivo; III – período de transição.

Figura 4.1 Formas de dispor os períodos do macrociclo

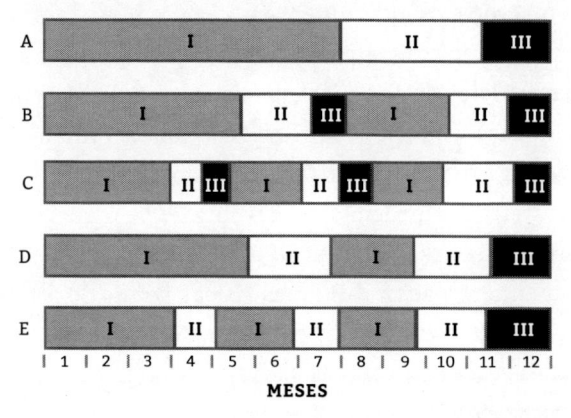

Fonte: Brauer et al., 2019, p. 41.

Ao observar o esquema, é possível observar que a seleção de cada estrutura está diretamente relacionada com o calendário esportivo do atleta e da modalidade. Geralmente, em modalidades cíclicas, o período de competição é de 1,5 a 2,5 vezes menor do que nos jogos coletivos. Nesse caso, há um grande destaque para o período preparatório.

Contudo, a realidade contemporânea das modalidades esportivas individuais – cíclicas ou acíclicas – causa grande repercussão no mundo esportivo, pois, tanto por motivos econômicos quanto por fatores políticos, o número de competições importantes aumentou significativamente, tornando mais complexo o processo de preparação do atleta.

Por essa perspectiva, uma das estratégias traçadas pelos técnicos e preparadores físicos é aumentar a quantidade de macroestruturas no processo de preparação. Se anteriormente havia de um a dois macrociclos, atualmente há modalidades desportivas individuais que apresentam de três a cinco macroestruturas por ano (esportes de combate, natação, entre outros). Entretanto, modalidades que exigem um período de preparação quantitativamente maior, como a maratona, o ciclismo de estrada, esportes de combate como o MMA de alto nível, além do boxe profissional, precisam de macrociclos mais extensos.

Essa estruturação também pode variar conforme o atleta. No caso, para atletas de alto nível que não tiveram lesão em temporadas anteriores, o período preparatório pode ser finalizado mais brevemente, e o competitivo pode ser estendido.

Na esteira desse raciocínio, o treinador ou preparador físico deve organizar uma orientação metodológica que estimule o desenvolvimento das qualidades físicas gerais do atleta, para que elas sejam transferíveis e, por conseguinte, melhorem as qualidades físicas específicas nas tarefas exigidas. Um exemplo dessa orientação está exposto a seguir:

- Determinar um plano de orientação anual (periodização) que siga o calendário esportivo – isto é, estabelecer as datas das principais competições dos atletas.
- Fazer um levantamento das qualidades físicas intervenientes/específicas da modalidade.
- Preconizar, no início de temporada, as avaliações físicas gerais diagnósticas para as qualidades físicas de base que melhor possam se adaptar ao desporto dos atletas (observar a literatura científica).
- Após o diagnóstico, perceber os piores e os melhores resultados dos atletas.
- No início de temporada, prescrever o desenvolvimento das qualidades físicas de base, destacando as de pior resultado nas avaliações; utilizar movimentos que não necessariamente precisam fazer sentido a prática daquele esporte. Por exemplo, se o atleta é um tenista, pode-se trabalhar a força geral por meio de movimentos do LPO.

- Ao longo do processo de treinamento, especificar cada vez mais os movimentos, bem como as exigências das qualidades físicas especiais do desporto.

Essas são apenas algumas orientações genéricas para que você vislumbre como se pode distribuir as qualidades gerais e específicas no processo de treinamento dos atletas. Buscaremos nos aprofundar nessa temática quando discorremos, no próximo capítulo, sobre a periodização do treinamento.

4.2 Aspectos volitivos na preparação do atleta: condições de ansiedade e estresse

Nesta seção, analisaremos algumas características psicológicas percebidas nas modalidades esportivas individuais. Destacamos que o trabalho psicológico desenvolvido no esporte é extremamente complexo. Por isso, exige um profissional especializado em psicologia esportiva. Dessa forma, não nos aprofundaremos nos detalhes de uma preparação psicológica, mas procuraremos evidenciar algumas características que podem ser amparadas por técnico e preparador físico, uma vez que o resultado esportivo está intrinsecamente relacionado às estruturas complexas das qualidades psicológicas inerentes ao desporto.

O termo *volição* vem do latim *volitione* e pode ser compreendido como um processo do domínio cognitivo que se refere à força de vontade. Todavia, essa força de vontade se manifesta de diferentes formas. Sob essa ótica, conhecê-las é essencial para técnico, preparador físico, comissão técnica em geral e para o próprio atleta, pois as variáveis volitivas determinam o alcance das metas no processo de preparação e no processo competitivo.

Na estrutura de preparação volitiva, destacam-se os seguintes aspectos:

- **Clareza de objetivos** – Um atleta de alto rendimento precisa ter metas claras e conhecer seus objetivos de curto, médio e longo prazos. Contudo, na realidade brasileira, a clareza de objetivos é dificultada pelas decisões pessoais do atleta, muitas vezes forçadas pela escolha entre estudos, trabalho e rotinas de treinamento.
- **Coragem** – Ao traçar seus objetivos, o atleta precisa se lançar ao desconhecido, mas é importante fazê-lo calculando-se os riscos.
- **Perseverança** – Ao escolher suas metas e traçar as linhas de ação para atingi-las, o atleta deve evitar sair de seu planejamento.
- **Autocontrole** – Manter o autocontrole exige maturidade e tempo de preparação.

As variáveis que envolvem o desporto brasileiro prejudicam sobremaneira os atletas nacionais. Além disso, a falta de políticas públicas mais abrangentes e concisas dificulta o planejamento e, por conseguinte, as escolhas das metas.

No Quadro 4.2, apresentaremos algumas qualidades psicológicas características dos atletas segundo suas modalidades:

Quadro 4.2 Qualidades psicológicas segundo modalidade

Esportes de combate e modalidades cíclicas de velocidade	
Vantagens	Desvantagens
- Propensão à liderança - Independência - Alta motivação - Disponibilidade para correr riscos - Capacidade de concentração - Atenção - Boa percepção visual - Rápidas reações sensoriais e motoras - Tolerância à dor	- Falta de confiança - Dificuldade de exercer papéis subordinados - Propensão ao conflito

(continua)

(Quadro 4.2 – conclusão)

Esportes cíclicos de longa distância	
Vantagens	**Desvantagens**
▪ Capacidade de suportar cargas pesadas ▪ Sujeição dos interesses pessoais aos da equipe	▪ Insegurança ▪ Pouco espírito de liderança

Outra importante averiguação está diretamente relacionada ao nível intelectual do atleta. Nesse sentido, observamos que a maioria dos atletas de alto nível têm um nível intelectual mais elevado, que "lhes permite compreender sua posição no desporto e o significado social dos resultados desportivos e buscar com criatividade soluções para as tarefas do treinamento" (Platonov, 2008, p. 387). Diante dessa importante afirmação, podemos repensar alguns projetos sociais que visam à formação de atletas.

Não é possível destituir o processo de formação desportivo do ensino escolar. A formação de uma base intelectual e cultural associada à formação no esporte constitui um fator inerente ao processo de preparação de talentos. Por isso, afirmar que o trabalho com o esporte é excludente é um contrassenso.

Na esteira desse raciocínio, De Rose Jr. (2002), defende que independentemente do nível de preparação do atleta, a competição é fonte geradora de duas formas de estresse:

- **Individual** – Capacidade física, habilidade técnica, lesões, medo de decepcionar pessoas e falta de repouso.
- **Situacional** – Aspectos específicos de jogo, técnicos, arbitragem, companheiros de equipe e treinamento inadequado.

O atleta precisa compreender que, inevitavelmente, passará por situações estressantes. Logo, ele e o técnico precisam criar estratégias que propiciem benefícios à *performance*, que está diretamente relacionada a como o atleta toma suas decisões ao longo do processo de preparação e da competição.

De acordo com Schmidt e Wrisberg (2010), o processamento de informação ou de um estímulo (como uma bola de tênis vindo na direção do tenista ou um chute em direção ao rosto do lutador) passa por um processo chamado de *modelo de processamento de informação expandido* (Figura 4.2).

Figura 4.2 Modelo de processamento de informação expandido

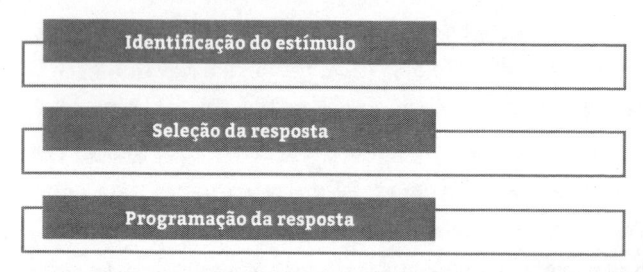

```
Identificação do estímulo

Seleção da resposta

Programação da resposta
```

Fonte: Elaborado com base em Schmidt; Wrisberg, 2010, p. 52.

Cada etapa do modelo é característica e ocorre logo após apresentação de um estímulo que pode ser sonoro, visual, etc. A seguir, detalhamos as fases desse modelo:

- **Identificação do estímulo** – Determina se a informação (estímulo) foi detectada; analisa o conteúdo da informação ambiental; e detecta padrões de movimento de objetos.
- **Seleção da resposta** – Decide qual ou se alguma resposta deva ser dada; seleciona movimentos disponíveis; o movimento é selecionado de acordo com os padrões de habilidades do indivíduo.
- **Programação da resposta** – Tem a tarefa de organizar o sistema motor para a produção o movimento desejado; prepara, para a ação, os mecanismos de nível mais alto no tronco cerebral e na espinha dorsal; e seleciona os grupamentos necessários para se contraírem na ordem adequada.

Entretanto, o processamento de informação, especialmente no esporte, está sujeito a um grande conjunto de variáveis que tendem a retardá-lo. Um atraso no processamento de informação gera um atraso de resposta.

Chamamos o tempo decorrido da apresentação de um estímulo não antecipado até o início da resposta de tempo de reação. Já o tempo decorrido da apresentação de um estímulo não antecipado até a resposta é denominado tempo de resposta.

O tempo de reação pode ser melhor visualizado mediante a análise eletromiográfica, por meio da qual, após a apresentação de um estímulo a um indivíduo, observa-se o ponto exato de início da contração muscular. Por seu turno, o tempo de resposta é mais bem observado mediante uma célula de carga, em que se cronometra o início da apresentação do estímulo até a resposta.

A esse respeito, Lima et al. (2004) verificaram a influência das concentrações de lactato sanguíneo após uma luta simulada de atletas de judô associado ao tempo de resposta. Será que a concentração de lactato interfere no tempo de resposta?

Antes de respondermos a essa pergunta, observe, a seguir, na Figura 4.3, um aparelho denominado Cybex Reactor. Na tela do equipamento, há figuras que se iluminam e se apagam. No momento em que elas se iluminam, o atleta precisa realizar o movimento de deslocamento acompanhando-as.

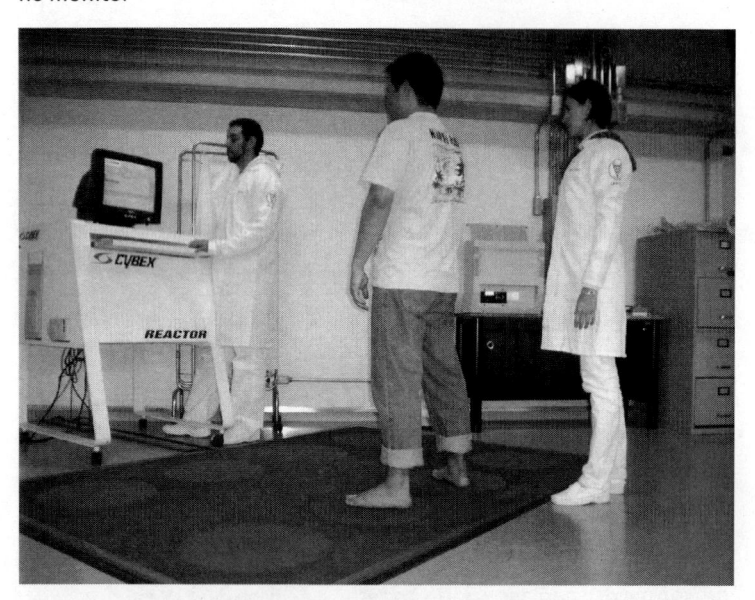

Figura 4.3 Indivíduo reagindo ao sinal luminoso apresentado no monitor

LIMA, E. V. et al. Study of the correlation between the velocity of motor reaction and blood lactate in different times of combat in judo. Revista Brasileira de Medicina do Esporte, v. 10, n. 5, p. 344-348, 2004.

Lima et al. (2004) averiguaram que a concentração de lactato não interfere no tempo de reação. Contudo, é sabido que, quanto maior for a quantidade de estímulos e respostas possíveis, mais lento o atleta ficará. Isso pode ser traduzido pela Lei de Hick.

> A Lei de Hick é uma das leis mais importantes da performance humana. Ela diz que o tempo de reação de escolha aumenta em uma quantia constante toda vez que o número de alternativas de estímulo-resposta é dobrado, ou seja, o tempo de reação de escolha está linearmente relacionado à quantidade de informação que deve ser processada durante um estágio de decisão. (Schmidt; Wrisberg, 2010, p. 54)

Braganholo e Okazaki (2009), em pesquisa para identificar possíveis diferenças no tempo de reação de escolha entre gêneros, colocaram à prova a Lei de Hick, expressa pelo Gráfico 4.1.

Gráfico 4.1 Associações entre as variáveis de desempenho do tempo de reação, em função do aumento do número de alternativas de escolhas

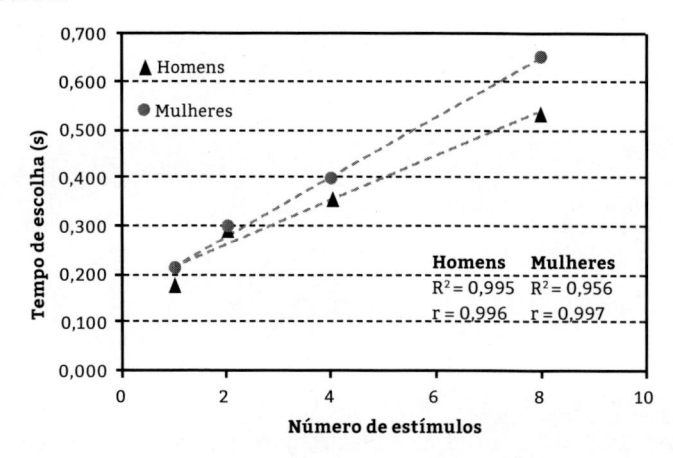

Fonte: Braganholo; Okazaki, 2009.

Um tempo de reação de escolha de aproximadamente 190 ms com um par de estímulo-resposta aumenta para mais de 300 ms com duas escolhas (aumento de 58%) (Schmidt; Wrisberg, 2010, p. 55). Logo, quanto maior for a quantidade de estímulos e respostas possíveis, inevitavelmente mais lenta será a resposta.

Essa é uma das variáveis de atraso no processamento de informação. A outra diz respeito ao estresse que pode vir a contribuir na ativação do atleta para o cumprimento de sua tarefa motora.

Para Schmidt e Wrisberg (2010), existe uma relação estável entre a ativação e a *performance*. Na medida em que o nível de ativação de uma pessoa aumenta, a *performance* sofre um acréscimo até certo ponto, mas depois começa a cair. Os autores chamam esse princípio de *U invertido* (Gráfico 4.2). Tal teoria foi proposta em 1908 por Yerkes e Dodson e estudada por Magill (2008) e Schmidt e Wrisberg (2010).

Gráfico 4.2 **Princípio do U invertido**

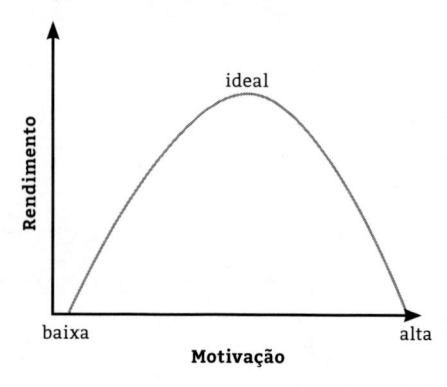

[Gráfico: curva em U invertido com eixo vertical "Rendimento" e eixo horizontal "Motivação" variando de "baixa" a "alta", com o ponto máximo da curva identificado como "ideal".]

Fonte: Schmidt; Wrisberg, 2010, p. 62.

Entretanto, para encontrar o ponto ideal do recrutamento das qualidades para a excelente execução da *performance* – ponto ótimo de rendimento –, é necessário considerar três fatores: pessoa, tarefa e situação.

No que diz respeito ao fator **pessoa**, atletas diferem em capacidade de ativação. Cada um pode atingir um mesmo nível de ativação de modo específico.

No que respeita ao fator **tarefa**, o nível de ativação pode variar. Por exemplo, se uma tarefa requer controle motor fino ou contém importantes componentes de tomada de decisão, então requer um nível de ativação mais baixo. Já quando a tarefa requer grande número de grupamentos musculares ou que tenham um baixo nível de complexidade cognitiva, é mais bem executada com níveis de ativação mais altos.

A Figura 4.4, a seguir, representa o princípio do U invertido em relação a cada tipo de esporte: primeiramente, há o nível cognitivo, que demanda maior grau de cognição e concentração, como o xadrez; em seguida, o intermediário, como os esportes coletivos e as lutas; por fim, modalidades com maior nível motor e físico, como o levantamento de peso, por exemplo.

Figura 4.4 Princípio do U invertido de acordo com modelos de atividades

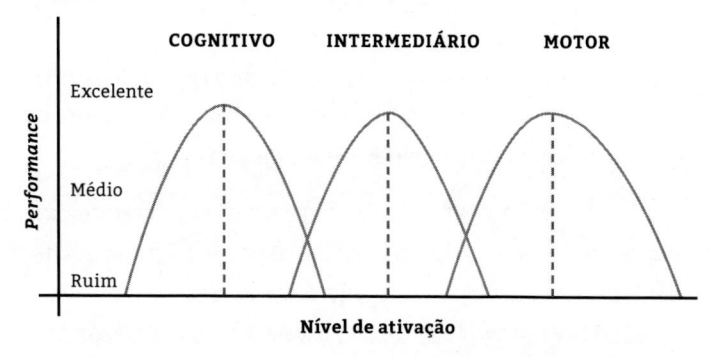

Gráfico: eixo vertical "Performance" (Ruim, Médio, Excelente), eixo horizontal "Nível de ativação", com três curvas em U invertido rotuladas COGNITIVO, INTERMEDIÁRIO, MOTOR.

Fonte: Schmidt; Wrisberg, 2010, p. 63.

- **Situação** – o nível de ansiedade aumenta quando a pessoa percebe que a situação é ameaçadora. Nesse caso, se ela perceber que as demandas da situação exacerbarem sua capacidade para atingir determinado objetivo sua ansiedade aumenta; por outro lado, se a pessoa pode facilmente atingir o sucesso na atividade, seu nível de ansiedade será baixo.

Vasconcelos-Raposo (2000) realizaou um levantamento bibliográfico referente às diversas teorias que procuram explicar a ansiedade no esporte. O autor identificou cinco perspectivas teóricas:

1. **Teoria do *drive*** – Propõe que a prestação é o produto do *drive* e a força do hábito.
2. **Zona ótima de prestação** – Observa-se essa zona mediante a média dos valores de ansiedade e dos níveis de prestação a cada um dos testes realizados.
3. **Teoria multidimensional da ansiedade** – A ansiedade é composta por preocupação e emoção.
4. **Teoria da catástrofe** – Semelhante à teoria do U invertido, diferindo desta pelo grau de decréscimo de *performance*.

Enquanto a teoria do U invertido propõe que o decréscimo de *performance* se dá de maneira gradual, a teoria da catástrofe apregoa que ele ocorre de forma brusca.

5. **Teoria da reversão** – A relação entre a resposta fisiológica e a prestação é dependente da interpretação cognitiva que os indivíduos fazem dos níveis dessa resposta.

Uma das respostas fisiológicas de maior destaque para a observação dos níveis de estresse no esporte é a quantidade de cortisol produzido pelo organismo. Esse hormônio tem sido considerado o hormônio do estresse, pois a sua produção aumenta durante e após a exposição a alguns fatores estressantes.

Nesse sentido, Jorge, Santos e Stefanello (2010) promoveram uma revisão sistemática referente aos artigos que se dedicaram à observação da produção de cortisol em diversas modalidades esportivas, bem como em diferentes etapas competitivas ou de preparação. Os autores evidenciaram que a maior parte dos estudos encontrou aumentos significativos de cortisol salivar antes da competição. Curiosamente, uma produção maior foi encontrada em atletas que tinham a vantagem do fator casa. Além disso, também verificaram que atletas de menor rendimento tendem a produzir mais cortisol do que atletas de elite antes e depois da competição.

4.3 Preparação técnica e melhoria do controle motor

Ao falarmos de técnica desportiva, estamos adentrando em mais um terreno complexo na área de Educação Física e esportes, uma vez que ela pode ser interpretada de formas diferentes e, até mesmo, equivocadas.

A técnica no esporte não pode ser entendida meramente como o movimento correto a ser executado. Afinal, como definir um movimento correto em algumas modalidades de lutas ou mesmo considerando os fundamentos de alguns jogos nos quais o que realmente importa é a produtividade? Toda *performance* motora executada à luz dos manuais técnicos é necessariamente produtiva?

Refletindo a esse respeito, inicialmente tentaremos evidenciar como a técnica desportiva está diretamente associada às especificidades cerebrais humanas de gerar movimentos performáticos e produtivos ao esporte.

4.3.1 Definição de técnica desportiva

Os movimentos performáticos para o desporto são construídos de acordo com padrões muito bem-definidos e orientados pela literatura específica. Entretanto, a construção de uma técnica desportiva é algo que apenas o cérebro humano é capaz de construir. Ele cria movimentos, adapta-os e os otimiza a partir da associação.

Além disso, o cérebro humano é o único adaptado para mostrar o movimento mediante a criação de processos de ensino que abarcam a observação, a reprodução, a adaptação dos movimentos, a linguagem falada e, muito posteriormente, a escrita. Portanto, ele é capaz de criar um **processo pedagógico para o movimento**.

É a especialização do cérebro humano que cria o refinamento, o controle, as correções e adaptações motoras mediante um constante processo de ensino e aprendizagem transmitido por um processo pedagógico. Assim, é pela potencialidade cerebral humana que surge a técnica desportiva.

Considerando os paradigmas científicos, o termo *técnica* pode ser analisado com base em duas importantes perspectivas: de um lado, as explicações rotuladas como das ciências naturais; do outro lado, as explicações das ciências sociais e humanas.

A concepção de técnica explicada pelas ciências da natureza é delimitada por uma dimensão instrumental, "como se o corpo fosse o executor eficiente de uma ação antecipadamente prevista pela mente" (Daolio, 2008, p. 100). Explica-se a técnica por referenciais da fisiologia, da biomecânica, da cinesiologia, da física e da matemática.

Por sua vez, Platonov (2008, p. 354) refere-se à técnica como um "conjunto de procedimentos e ações que garantem soluções mais eficazes para as tarefas motoras de acordo com a especificidade da modalidade, da disciplina e do tipo de competição".

Assim, a técnica se relaciona com o movimento correto e diz respeito a uma forma de classificação. Daolio e Velozo (2008) caracterizam uma técnica – esportiva – como construção cultural. Segundo essa visão, a evolução do neocórtex também contribui para a capacidade humana de transmitir e copiar os movimentos.

Granger (citado por Daolio; Velozo, 2008, p. 10), recorre a dois tipos específicos de técnica: as técnicas empíricas e as técnicas científicas, sendo

> as primeiras vinculadas às experiências práticas e ainda não penetradas pelo saber científico. Essas técnicas ou saberes, que compõem o chamado senso comum, são transmitidos essencialmente pela tradição oral e, ainda que possam estar associados às crenças supersticiosas, são igualmente eficazes. As segundas – as científicas – estão fundamentadas em explicações teóricas, ao caráter desinteressado e à capacidade de demonstração ou de explicação própria das ciências.

A técnica guarda em si o que Marcel Mauss (2009) chamou de *eficácia simbólica*. Para o autor, as técnicas corporais "são os gestos simbólicos que são, ao mesmo tempo, gestos reais e fisicamente eficazes" (Mauss, 2009, p. 115).

Essa afirmação reitera o posicionamento da técnica corporal como construção cultural, uma vez que

> o ser humano cria, ao longo de sua existência e em função de seu contexto cultural, certos costumes que vão se tornando tradicionais, sendo transmitidos de geração a geração, justamente porque são dotados de eficácia simbólica, ou seja, respondem a certas demandas da sociedade onde se fazem presentes, adotando significados importantes para o grupo local. (Daolio; Velozo, 2008, p. 13)

Isso significa que as técnicas são aprendidas socialmente, passadas dos mais velhos para os mais novos, agregando características adaptáveis ao contexto contemporâneo. Sendo também cultural, a técnica se refere a um movimento corporal carregado de elemento simbólico, mas que não é natural, pois é forçado, ensinado e reproduzido a ponto de se tornar automático. Esse entendimento ajudaria a explicar as peculiaridades de alguns esportes por regiões e países. Como afirmar a superioridade de alguns países do continente africano em modalidades do atletismo, por exemplo? A resposta a perguntas como essa são atravessadas por perspectivas deterministas como as listadas a seguir:

- **Resposta pelo determinismo geográfico** – Nas corridas de fundo, podemos lembrar dos países localizados em regiões de grandes altitudes.
- **Contestação do determinismo geográfico** – Entretanto, Lima, no Peru, apesar da altitude, não é um celeiro de atletas fundistas.
- **Resposta pelo determinismo biológico** – Pela superioridade de fibras vermelhas que determinado tipo de etnia possui mais do que outra.
- **Contestação do determinismo biológico** – Negros se destacam em corridas rasas (distância curta) e em corridas de resistência (média e longa distâncias, nas quais a demanda metabólica e o recrutamento de fibras são diferentes).
- **Resposta pelo viés cultural** – Algumas modalidades têm um investimento financeiro e de tempo maior em determinados países do que em outros, formando uma cultura esportiva que propicia maior facilidade para recrutar e desenvolver jovens talentos.

Compreender esses determinismos é essencial para avançar nos estudos sobre a preparação. Afinal, a preparação corporal é um conceito extremamente complexo e está muito além do movimento belo ou bem-executado.

4.3.2 A técnica da atividade competitiva nos esportes individuais

Já comentamos que a técnica não está relacionada exclusivamente ao movimento bem-executado, mas à *performance* ou à produtividade da tarefa. Portanto, deve ser vista de formas diferentes para cada espécie de desporto, de acordo com as classificações recém-apresentadas.

Para ilustrar, tomemos como exemplo um lutador de MMA que desde o processo de iniciação desportiva vem aprendendo os movimentos de sua modalidade de forma a criar um estereótipo do golpe de punho, do chute baixo, do chute alto, entre outros. Entretanto, no confronto com outro lutador em determinada competição, o golpe pombo sem asa, relativamente pouco executado em treinamentos ou na estrutura de formação esportiva, pode ser determinante no resultado da luta.

Há lutadores que apresentam um padrão motor hegemônico da modalidade (golpeiam com beleza performática, conforme os manuais de sua modalidade ensinam); mas há também aqueles que contam com um significativo volume de treinamento em luta ou grande experiência de combate, mas não necessariamente realizam movimentos que deixariam felizes os escritores dos manuais de sua modalidade, embora sejam muito mais produtivos na luta.

A esse respeito, podemos considerar diferentes variáveis relacionadas a diversas modalidades de desporto de combate: duração do confronto; números de luta no dia; tempo total da competição; intervalo de descanso; número de ataques no combate.

Curiosamente, quanto à última variável, à exceção do que ocorre no boxe, os golpes de modalidades que demandam um volume total de tempo elevado no ensino e no aperfeiçoamento de uma centena de golpes na competição em si são aplicados em um número muito reduzido.

Em contrapartida, tomemos como exemplo as lutas que cuja modalidade de competição são os Katas, Katis ou Poomses (movimentos solitários ou em grupos que simulam combates), em que a produtividade está diretamente relacionada à execução do movimento. Nessa esteira, pensemos nas ginásticas artística e rítmica, modalidades nas quais o movimento é o critério de *performance*. Em um salto mortal carpado, se o pé do atleta não estiver na posição considerada correta pelos manuais técnicos, ele perderá pontos.

Diante de tais especificidades, podemos concluir que a técnica esportiva está diretamente vinculada ao critério de *performance*. Nessa perspectiva, Platonov (2008) menciona três importantes caracterizações das modalidades esportivas de acordo com a manifestação de suas características técnicas:

1. modalidades com manifestação relativamente estável das características cinemáticas (ginástica artística e rítmica, patinação artística, nado sincronizado, salto ornamental;
2. modalidades com manifestação relativamente estável das características dinâmicas (atletismo, natação, halterofilismo);
3. modalidades com características dinâmicas e cinemáticas marcadas por modificações constantes de acordo com a situação competitiva (lutas individuais e jogos).

Nesse tipo de classificação, é imprescindível distinguir os esportes em que o determinante é o procedimento ou a execução do movimento daqueles em que o determinante é sua ação. Assim, podemos sintetizar as definições de técnica esportiva por suas características cinemáticas, dinâmicas e rítmicas:

- **Características cinemáticas** – Manifestam-se no espaço e no tempo e podem ser classificadas como temporais, espaço e espaçotemporais. Isso se dá porque as posições e os deslocamentos do corpo e suas ligações espaciais e trajetórias constituem características espaciais, ao passo que a duração da execução se refere às características temporais, e a velocidade das ações diz respeito às características são espaçotemporais.

- **Características dinâmicas** – Relacionam-se com o corpo do atleta em si, com o meio e com os aparelhos, além de ocorrer também entre dinâmicas da força, como grandeza, momento, vetor e impulso.
- **Características rítmicas** – Podem se manifestar na distribuição racional da força do movimento e das ações no tempo e no espaço.

Sabemos que existe um sistema de classificações das modalidades de acordo com sua orientação técnica, mas não podemos esquecer da complexidade das classificações da técnica desportiva. Afinal, a força geral de um levantador de peso olímpico não significaria muita coisa se ele não tivesse sedimentado o estereótipo de todas as etapas motoras ativadas no arranque e no arremesso; da mesma forma, a força demandada para um salto sobre a mesa na ginástica artística não significa nada sem a habilidade em coordená-la com os elementos espaçotemporais envolvidos no salto.

Com base nisso, é possível definir a técnica como dialética. Isto é, ela é interdependente da integridade e da diferenciação, da padronização e da diferenciação, da estabilidade e da variabilidade. Isso significa que, ao se pensar na preparação desportiva, é necessário romper com os padrões preestabelecidos de divisão do todo em partes.

> *A tendência à observação dos requisitos fundamentais da técnica tradicional da respectiva modalidade desportiva entra em contradição com a necessidade de concordância com a estrutura e características da técnica do desportista, suas particularidades individuais e sua preparação voltada para o movimento.* (Platonov, 2008, p. 151)

Por fim, a técnica não pode ser comparada entre os diferentes esportes, uma vez que cada modalidade guarda um sistema de classificação diferenciado, conforme as especificidades referentes a habilidade e competição.

4.3.3 Etapas da preparação técnica

Depois de termos exposto os métodos de aquisição da técnica desportiva, trataremos das etapas no processo de preparação técnica.

- **Etapa 1: Aprendizagem inicial da técnica**
    - Criar imagens sobre a ação motora:
        - no caso das modalidades dos esportes individuais, é essencial explicitar e esclarecer as explicações dos movimentos que se deseja que o atleta realize;
        - a criação de "imagens" é fundamental para tornar mais visível as proposições.
    - Orientar para a assimilação da técnica:
        - ter um objetivo claro do que realmente deseja que o atleta desenvolva: velocidade, deslocamento de quadril, melhoria da luta por baixo, melhoria da qualidade do lançamento do dardo etc.
        - contar com exemplos de como deseja que o atleta realize a movimentação, por meio de comparações verbais e com possibilidades de visualizações, desenhos, vídeos etc.
    - Previnir-se e eliminar erros:
        - deixar claro para o atleta quais erros devem ser corrigidos;
        - evidenciar o processo pelo qual o atleta passa até chegar no erro de movimento;
        - não se limitar a falar qual erro deve ser corrigido, mas, sim, mostrar como o atleta comete esse erro e propor-lhe situações reais de competição para saná-lo.

- Não se preocupar com erros/detalhes "finos":
  - nessa etapa, os erros de tomada de decisões precisam ser evidenciados;
  - correções muito refinadas no movimento em si precisam ser evitadas, ou seja, não é necessário fornecer informações sensoriais em excesso;
  - reduzir os estímulos sensoriais nesse momento (isto é, não fazer solicitações como "Gire o quadril, com a perna direita levemente flexionada, dedinho mindinho para cima" etc.);
  - as informações nessa etapa precisam ser diretas e simples.
- **Etapa 2: Aprendizagem aprofundada**
  - Refinamento da habilidade motora:
    - quando a resposta do atleta já estiver próxima do ideal desejado para as proposições claras do que realmente o técnico deseja em situação de competição, os movimentos antes praticados precisam ser detalhadamente trabalhados, para que se faça um ajuste fino;
    - as cobranças das correções dos movimentos desejados precisam ser refinadas e apresentar indicativos detalhados.
  - A estrutura da coordenação de cada elemento do movimento pode ser aperfeiçoada:
    - com os detalhes refinados, propor ao atleta empregar cada vez mais velocidade;
    - cobrar precisão;
    - dividir, nas sessões de treinamento, por exemplo, o combate em si, criando situações como começar em uma posição de submissão no caso de luta livre, MMA e jiu-jítsu; ou situações específicas, como no caso de

ataques de fundo da quadra no tênis, aplicando apenas o movimento mostrado pelo técnico;
- criar diversas situações de competição nas quais o atleta deve responder apenas com os movimentos transmitidos e treinados no dia.
- Concordância com particularidades individuais dos praticantes:
  - compreender que todas as ações motoras que estão sendo cobradas demandam um grau de compatibilidade com a estrutura corporal e psicomotora do atleta;
  - todas as estratégias de ação cobradas e desenvolvidas precisam ser possíveis de serem aplicadas com certo grau de facilidade pelo atleta;
  - os movimentos e as estratégias de combate partem de dentro para fora, ou seja, deve-se compreender que nem todos os atletas respondem bem a movimentos muito complexos, ou que nem todos os tipos de golpe, ataques e defesas são bem aplicados por todos;
  - observar o grau de facilidade de aplicação dos movimentos nas situações competitivas nos treinamentos;
  - levar o atleta a responder a diferentes tipos de estímulos com diversos oponentes diferentes – mais lentos, mais rápidos etc.
  - verificar se tais movimentos estão sendo colocados nas situações adequadas e não simplesmente desenvolvidos com alto grau de plasticidade.
- **Etapa 3: Consolidação e aperfeiçoamento**
  - Estabilização da habilidade motora:
    - todos os movimentos cobrados precisam estar de acordo com as situações de competição;
    - os movimentos devem ser próximos ao que o atleta vivenciará em situação de competição;

- possibilitar ao atleta uma prática com outros atletas cujas estruturas competitivas sejam semelhantes;
- todas as ações cobradas no processo de desenvolvimento técnico precisam ser incluídas nas situações de competição.
- Aperfeiçoamento da variabilidade:
  - criar diferentes situações para o mesmo movimento, evitando estereótipos;
  - observar se o atleta automatizou os movimentos propostos; ou seja, independentemente das situações, verificar se ele consegue realizá-los de forma automática.

Uma síntese das etapas expostas está apresentada no Quadro 4.3, a seguir.

Quadro 4.3 Etapas da preparação técnica

Conteúdos do ensino	Aprendizagem inicial	Aprendizagem profunda	Consolidação e aperfeiçoamento
Execução dos objetivos motores	Objetivos simples, condição favorável, baixo resultado	Objetivos complexos, condição desfavorável, baixo resultado	Execução segura e perfeita em condições complexas, resultado alto e estável
Sensação/percepção dos movimentos	Cinestesia imprecisa, informação visual	Melhora sinestésica, informação verbal	Alta precisão cinestésica, central para periferia
Regulação dos movimentos	Imperfeita, tensão da musculatura antagonista, baixa antecipação	Características programadas na precisão real, antecipação insuficiente, tensão de musculatura antagonista em condições complexas	Estabilidade em diferentes condições, alto nível de antecipação

Fonte: Elaborado com base em Platonov, 2008.

Imagine, por exemplo, um lutador de MMA que precisa aperfeiçoar suas defesas de entradas de golpes nos membros inferiores, pois lutará contra um adversário que costuma atacar as pernas. Inevitavelmente, mesmo experiente, ele precisará automatizar esses movimentos de defesa.

Tais etapas podem ser seguidas por qualquer profissional que trabalhe com o movimento e o esporte, tanto no tocante aos jovens e iniciantes atletas quanto aos atletas maduros que precisam adaptar ou mesmo desenvolver um novo elemento técnico.

4.4 Montagem anual do treinamento esportivo com periodização

Temos indicado que a montagem do treinamento do atleta está sujeita a diversas variáveis que podem afetar sua *performance* esportiva: do clima à psique; da religião à técnica; da formação de base ao processo competitivo profissional.

Por isso, controlar e predizer essas variáveis são tarefas inerentes à intervenção profissional do técnico, do professor de Educação Física e do preparador físico. Contudo, a ciência do treinamento não é exata. Assim, na intenção de controlar ao máximo tais variáveis e potencializar a *performance*, surgiu a **periodização do treinamento**.

Na opinião de autores como Gomes (2009), Dantas (2003), Roschel, Tricoli e Ugrinowitsch (2011) e Marques Jr. (2012), os gregos, entre os períodos homérico e helênico, foram os primeiros a pensar em uma estruturação de longo prazo que permitisse o atingimento das marcas olímpicas. Histórias como as de Mílon de Crotona exemplificam essa realidade: Ele foi, talvez, o primeiro atleta a pensar em uma progressão em seu treinamento. Para treinar sua força, erguia e carregava um bezerro todos os dias. À medida que o bezerro crescia, sua força aumentava.

O desenvolvimento do esporte moderno, desde seu processo de ruptura ou continuidade – como preferem alguns –, exigiu dos atletas um constante processo de preparação que propiciasse o desenvolvimento progressivo de suas marcas. Associado às exigências contemporâneas de mercado, como a alta especialização, e ao atingimento de marcas quase inimagináveis, o processo de preparação desportiva também demandou reformulações. Sob essa ótica, manter-se treinando com os mesmos níveis de intensidade e volume e poucas variações ou mesmo com a especificidade motriz única da modalidade esportiva em si deixou de ser suficiente para garantir vitórias.

Na fase empírica do treinamento, algumas propostas de estruturação racional já haviam sido consideradas:

- entre 1902 e 1913, com Kraevki, Tausmev, Olshanik, Skotar, Shtliest e Murph;
- em 1916, com Kotov e seu treinamento interrompido e dividido em três ciclos;
- em 1922, com o livro *Bases fundamentais do treinamento*, de Gorinevski;
- em 1930, com o livro *Fundamentos gerais do treinamento*, de Pihkala, em que o autor expõe a ideia de cargas ondulatórias e alternância do trabalho de recuperação;
- em 1949, com Ozolin e o treinamento de longo prazo (15 a 20 anos), segundo o qual os períodos e as etapas da temporada devem ter a mesma duração, mas com diferente distribuição dos conteúdos de acordo com as modalidades. Além disso, segundo o autor, os calendários competitivos devem direcionar as etapas de treinamento;
- em 1950, Letonov alertou sobre a individualidade no processo adaptativo.

Um dos marcos do período científico do treinamento esportivo se deu em 1965, quando Lev Pavilovich Matveev adaptou os estudos anteriores e, embasando-se na teoria da síndrome da adaptação geral (SAG), de Hans Selye, publicou um modelo de preparação desportiva denominado *periodização do treinamento*.

De acordo com Matveev (1977), a periodização diz respeito ao planejamento e à estruturação do treinamento ao longo da temporada, o que possibilita ao atleta alcançar um estado ótimo de *performance* em competição. Tal estado abrange os aspectos físicos, psíquicos, técnicos e táticos.

Para Dantas (2003), a periodização do treinamento se refere ao planejamento geral e detalhado do tempo disponível para o treinamento, de acordo com os objetivos intermediários e perfeitamente estabelecidos, respeitando-se os princípios científicos do treinamento desportivo.

A inovação da periodização do treinamento de Matveev (1977) reside na formatação racional, na didática e, com efeito, na facilidade de aplicação e em seu processo de longo prazo – plurianual –, denominado *plano de expectativa*, o qual pode ser subdividido em:

- **Plano de expectativa individualizado** – Acompanha o atleta por toda a sua vida, antes, durante e após a fase de *performance*. Tem como objetivo desenvolver as potencialidades dos talentos desportivos de um país.
- **Plano de expectativa desportivo** – Organiza o treinamento de uma modalidade esportiva específica. Determina os objetivos a serem alcançados por um grupo específico de atletas criado a partir do plano individualizado.

Outra importante característica da periodização está relacionada à sua função política. Na extinta União Soviética, havia uma política de Estado para o fomento do esporte na qual os estudos científicos tiveram grande relevância, servindo muito bem às exigências do período.

O diferencial da periodização do treinamento se atrela ao alcance do máximo rendimento físico, cognitivo, motor e técnico do atleta, chamado de *forma esportiva*. Ela precisa ser alcançada nas datas preestabelecidas pelo calendário esportivo e definidas com toda a comissão, para que haja sinergia nas ações de todos, evitando conflitos.

A proposta de Matveev tem grande relevância para a área do desporto e da Educação Física, por conta das comprovações empíricas de seu modelo de periodização. Entretanto, a evolução das práticas, a influência cada vez maior da mídia esportiva e a dependência financeira de clubes e atletas para patrocinadores formaram uma nova estrutura competitiva e, por conseguinte, uma nova forma de pensar em periodização. Assim, passou-se a exigir cada vez mais competições para diversas modalidades.

Por proporcionar de três a quatro picos de rendimento (forma esportiva) por temporada, sua periodização foi sendo relegada a segundo plano em algumas modalidades que contam com muitas competições por temporada. De acordo com Oliveira, Sequeiros e Dantas (2005, p. 360), "Verkhoshansky diz que o modelo de Matveev não se adequa à nova realidade esportiva atual, em que o atleta tem que competir várias vezes ao ano, por gerar no máximo três *peaks* por temporada".

Verkhoshansky, provavelmente o maior crítico da proposta de Matveev, elaborou um novo modelo de periodização que, em teoria, permite que o atleta alcance mais picos de rendimento por temporada. O autor atribuiu a esse modelo o nome de *periodização em bloco*, e a periodização de Matveev passou a ser denominada *periodização clássica*.

Na Figura 4.5, a seguir, evidenciamos a comparação dos modelos por sua dinâmica de capacidades e obtenção de grandes resultados no que tange às suas zonas de forma esportiva e quase forma esportiva.

Figura 4.5 **Zonas de forma esportiva e quase forma esportiva**

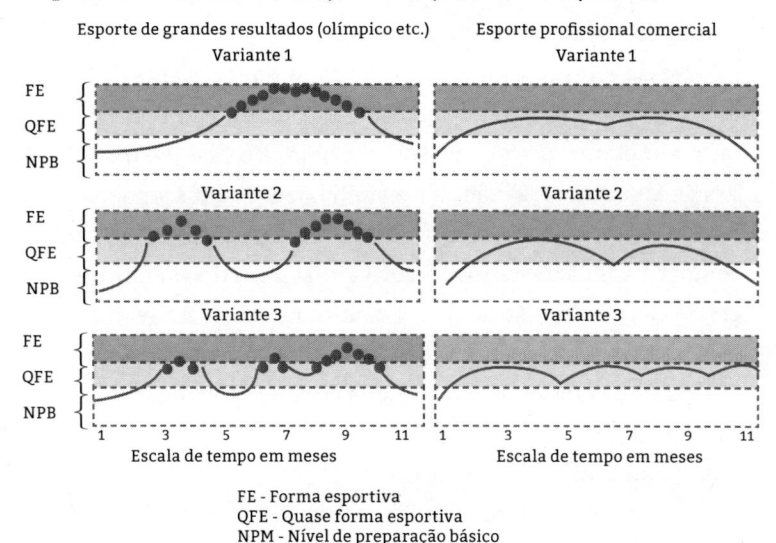

Esporte de grandes resultados (olímpico etc.)
Variante 1

Esporte profissional comercial
Variante 1

FE — Forma esportiva
QFE — Quase forma esportiva
NPM — Nível de preparação básico

Fonte: Matveev, 1977.

À direita, na imagem, estão as modalidades esportivas consideradas comerciais, ou seja, aquelas que mantêm muitas competições ao longo dos anos. Perceba que, destas, nenhuma permite ao atleta alcançar a forma esportiva. Primeiramente, pela falta de tempo para uma preparação física de base; em segundo lugar, em virtude do perfil competitivo, uma vez que a manutenção da forma esportiva por longos períodos prejudicaria o organismo do atleta a ponto de incapacitá-lo para as competições ou mesmo para as atividades do cotidiano. É por esse motivo que existem séries de cargas crescentes e decrescentes, associadas ao período de destreinamento. Não há como chegar à forma esportiva sem passar por períodos racionalmente orientados de destreinamento.

Ainda, a imagem mostra três variantes. Na variante 3, estão evidenciadas modalidades esportivas com três picos de performance – forma esportiva; na variante 2, apresentam-se modalidades com dois picos de *performance* por temporada; e na variante 1, constam modalidades com apenas um pico. Observe que quanto mais enfático e drástico é o período de destreinamento, maior é o nível de forma esportiva alcançado.

Nesse sentido, é importante lembrar que o alcance da forma esportiva está diretamente associado ao modelo competitivo, mas também pode variar conforme o atleta. No caso de modalidades de lutas, diversas são as possibilidades. Atletas amadores de Muay Thai ou de MMA, para se inserirem nos concorridos eventos competitivos da modalidade, obrigam-se a participar de diversas competições ao longo de um ano, muitas vezes sem se importar com o estado de preparação esportiva. Por sua vez, os atletas profissionais das mesmas modalidades tendem a reduzir os números de competições, possibilitando uma redução considerável de lutas principais.

Tendo isso esclarecido, apresentamos a seguir as características da periodização em bloco de Verkhoshansky, conforme Oliveira, Sequeiros e Dantas (2005):

- A individualidade das cargas de treinamento, justificada pela capacidade individual de adaptação do organismo.
- A concentração das cargas de treinamento da mesma orientação em períodos de curta duração e a necessidade de conhecer profundamente o efeito de cada tipo de carga, bem como sua distribuição no ciclo médio de treinamento.
- O desenvolvimento consecutivo de capacidades, utilizando o efeito residual de cargas já trabalhadas.
- A ênfase no trabalho específico de treinamento, considerando as adaptações necessárias para o desporto moderno, por meio da prática de cargas especiais.

É fundamental levar em consideração a realidade das modalidades esportivas individuais. Por conta de suas peculiaridades de caráter físico e motor, além de suas especificidades de mercado, é possível afirmar que os modelos de até quatro picos de rendimento por temporada se adequam à realidade dessas práticas.

Modelos ditos *contemporâneos* de periodização do treinamento já foram propostos por vários outros autores. A esse respeito, Marques Jr. (2011), em um artigo de levantamento bibliográfico, apresenta um quadro que permite observar os tipos de periodização e suas adequações ótimas para cada tipo de modalidade. No Quadro 4.4, a seguir, retirado do artigo do autor, "I" se refere à iniciante, "M" a médio e "N" a alto nível.

Quadro 4.4 As periodizações indicadas para os esportes

Periodização	Esporte de Velocidade e Força	Cíclico de Resistência	Arte Desportiva	Combate	Jogos Coletivos
Matveev	I e M	I e M	I e M	I e M	I e M
Bloco	N	N	–	N	N
Tschiene	N	–	N	N	N
Cargas Seletivas	–	–	–	–	I, M e N
Periodização Tática	–	–	–	–	I, M e N

Fonte: Marques Jr, 2011, p. 145.

Contudo, provavelmente o mais utilizado em modalidades esportivas individuais é o modelo clássico apresentado.

4.4.1 Procedimento metodológico para periodização do treinamento

A periodização clássica do treinamento é dividida em macrociclos, mesociclos e microciclos.

Os **macrociclos** referem-se às grandes estruturas de divisão do tempo disponíveis para a preparação do atleta. Precisam respeitar o calendário e as datas das competições de maior e menor importância. O macrociclo possibilita a orientação das qualidades a serem trabalhadas. Seguem as divisões anuais ou de temporada já observadas anteriormente, sendo:

- período de preparação, que se subdivide em:
  - preparação geral: desenvolvimento das qualidades físicas de base;
  - preparação específica: desenvolvimento das qualidades físicas específicas;
  - período de competição;
  - período de transição.

Os **mesociclos** consistem nas referem-se às estruturas médias no processo de preparação, respeitando-se o macrociclo. Permitem a observação da dosagem das cargas. De acordo com Oliveira, Sequeiros e Dantas (2005), podem se estender de 21 a 35 dias, para que haja um período mínimo de adaptação às cargas aplicadas. Os mesociclos são divididos em:

- **Mesociclo de incorporação/introdução** – Utilizado no início da temporada, após doenças ou traumas. Tem duração de aproximadamente quatro semanas, com cargas moderadas a baixas. A seguir, apresentamos o Gráfico 4.3 para exemplificar cada mesociclo. No eixo y, estão as intensidades, e no eixo x, os microciclos, que ao final de quatro (como exemplo) somam um mesociclo.

Gráfico 4.3 Mesociclo de introdução

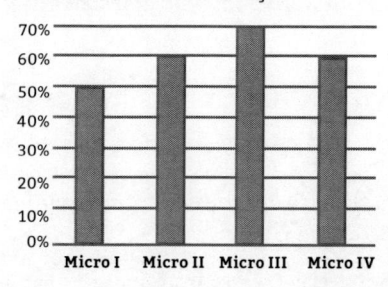

Fonte: Brauer et al., 2019, p. 43.

- **Mesociclo de desenvolvimento/base** – Objetiva elevar os níveis de aptidão pelo uso de cargas altas, que desencadeiam no organismo adaptações fisiológicas. Pode ser classificado em crescente/decrescente (Gráfico 4.4) e em oscilatório (Gráfico 4.5).

Gráfico 4.4 Mesociclo de desenvolvimento – base crescente/decrescente

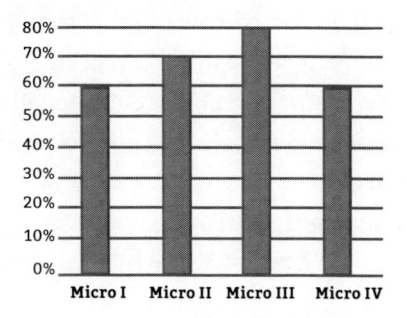

Fonte: Brauer et al., 2019, p. 44.

Gráfico 4.5 Mesociclo de desenvolvimento – base oscilatória

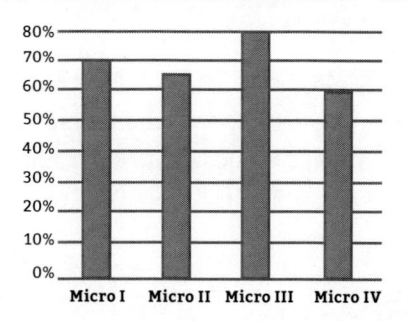

Fonte: Brauer et al., 2019, p. 44.

- **Mesociclo estabilizador/controle** – Depois de aplicar uma série de cargas crescentes, deve-se estabilizá-las, permitindo, assim, que elas sejam assimiladas pelo organismo. Esse mesociclo abrange a utilização intensa de exercícios competitivos e especiais nos períodos preparatório específico e competitivo. É semelhante ao mesociclo de incorporação, e pode ocorrer com cargas crescentes/decrescentes e ou oscilatórias.
- **Mesociclo recuperativo** – Visa à recuperação do organismo. Nesse mesociclo, as cargas são diminuídas, propiciando um estado de recuperação e um possível

incremento da *performance* do atleta. É muito utilizado na fase de polimento, nas semanas que antecedem a competição principal (1-2 semanas). Permite o efeito atrasado das cargas de treinamento.

- **Mesociclo pré-competitivo** – É estruturado conforme as competições realizadas. Por meio desse mesociclo, objetiva-se criar um modelo competitivo respeitando fatores intervenientes na *performance*: altitude, horário, forma de disputa etc. Normalmente, dura de quatro a seis semanas antes da competição.
- **Mesociclo competitivo** – É a base do período competitivo. A estrutura e os conteúdos desse período são determinados pela especificidade da modalidade de luta em questão, pelo sistema de preparação escolhido e pelo calendário de competições.

Os **microciclos** dizem respeito às menores estruturas de organização na periodização do treinamento. Estão relacionados à forma de organizar as influências do treinamento no organismo durante sessões de treinamento consecutivos, estendendo-se de dois a 14 dias. Podemos ser divididos em:

- **Microciclo estabilizador** – Refere-se à aplicação de cargas menores, podendo ser incluído no mesociclo de introdução (Gráfico 4.6).

Gráfico 4.6 Microciclo estabilizador

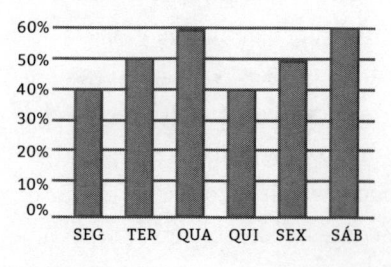

Fonte: Brauer et al., 2019, p. 46.

- **Microciclo ordinário/desenvolvimento** – Vincula-se ao aumento progressivo de cargas, podendo ser mais intenso que o estabilizador (Gráfico 4.7).

Gráfico 4.7 Microciclo ordinário/desenvolvimento

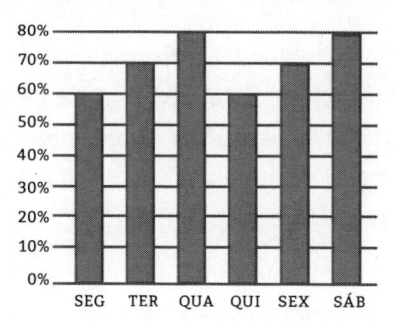

Fonte: Brauer et al., 2019, p. 46.

- **Microciclo de choque** – Diz respeito ao microciclo de maior intensidade (Gráfico 4.8). É o momento em que se permite ao atleta chegar às cargas máximas.

Gráfico 4.8 Microciclo de choque

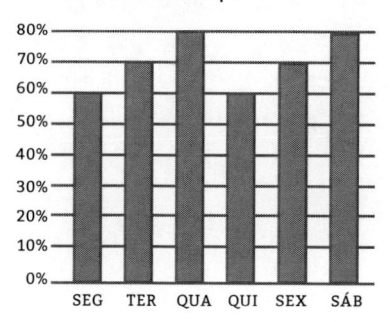

Fonte: Brauer et al., 2019, p. 47.

- **Microciclo pré-competitivo** – Refere-se ao microciclo que pode ser inserido no mesociclo de pré-competição, cujos exercícios se assemelham ao máximo à atividade competitiva. Pode conter estruturas de adaptação, como clima, além de fatores geográficos e alimentares no processo competitivo.

- **Microciclo competitivo** – Todas as estruturas devem se voltar ao caráter competitivo, por meio de simulações ou polimento de ações.
- **Microciclo de controle** – Momento em que é possível realizar testes ou mesmo competições de baixa relevância no calendário do atleta.
- **Microciclo recuperativo** – Após uma série de cargas elevadas, baixa-se significativamente a intensidade dos treinos. Esse microciclo pode conter descansos ativos ou passivos.

A periodização permite uma distribuição racional não apenas das cargas, mas também das qualidades físicas desenvolvidas. Recordemos que um dos diferenciais da periodização de Matveev é a grande relevância atribuída a todas as qualidades físicas como forma de potencializá-las e transferi-las para as qualidades físicas intervenientes/específicas da modalidade. Os outros modelos de periodização não apresentam essa característica porque consideram o calendário de modalidades com muitas competições ao longo da temporada, impedindo – por falta de tempo – o desenvolvimento ou o alcance de uma forma esportiva.

O Gráfico 4.9, a seguir, ilustra o desenho das ondulações de cargas na periodização clássica:

Gráfico 4.9 **Interdependência entre volume e intensidade na periodização**

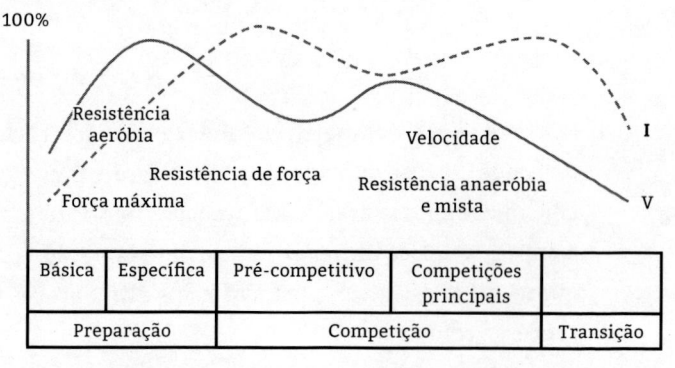

Básica	Específica	Pré-competitivo	Competições principais	
Preparação		Competição		Transição

Fonte: Brauer et al., 2019, p. 41.

No gráfico, as linhas pontilhadas indicam a intesidade, e a linha contínua, o volume. Importante relatar que estas são linhas de tendência, ou seja, tendem a realizar tais movimentos. Não podemos esquecer das variáveis de intensidade e volume dos microciclos o que não constam nesse gráfico.

É importante esclarecermos que ainda não abordamos as características das sessões de treinamento, temática que demanda o conhecimento aprofundado do planejamento e a aplicação do treinamento em si. Trataremos disso nos próximos capítulos.

Síntese

Neste capítulo, analisamos que o processo de treinamento para modalidades individuais envolve a inter-relação entre as qualidades físicas. Além do treinamento das qualidades especiais ou intervenientes, o treinamento das qualidades físicas de base é fundamental. No entanto, a distribuição dessas qualidades abrange um processo de planejamento altamente complexo, que demanda a articulação das estruturas técnicas, psicológicas e físicas.

Com base no exposto ao longo deste capítulo, destacamos alguns pontos principais para sua reflexão:

- As qualidades físicas gerais e especificas se complementam, e essa inter-relação é o diferencial para o alcance da forma esportiva.
- As estruturas volitivas precisam ser levadas em consideração em todo o processo de preparação, sendo o preparador físico e o técnico agentes que, de acordo com o perfil do atleta, conduzirão seu treinamento da forma mais específica possível.

- O treinamento técnico segue uma estrutura racional dentro do planejamento anual, e se organiza etapas que precisam ser respeitadas, e a preparação física; tais etapas também devem seguir a estrutura de planejamento denominada *periodização de treinamento*.

Atividades de autoavaliação

1. Um técnico de corrida sugere alterações no padrão de corrida de seu cliente iniciante. Para auxiliá-lo, pede-lhe que crie a imagem ideal da ação motora necessária. Em qual momento do treinamento esse atleta se encontra?

    a) Aprendizagem inicial.
    b) Aprendizagem aprofundada.
    c) Consolidação.
    d) Imagem imaginada.
    e) Período de transição.

2. Um atleta se planeja para competir em uma ultramaratona. Assim, ele se organiza para iniciar o planejamento de seu treinamento para a próxima temporada. Ao longo do ano planejado, além da ultramaratona, ele competirá em duas maratonas. Considerando que a ultramaratona é sua competição-alvo, mas que as demais são competições importantes, qual dos modelos expostos na figura a seguir (reprodução da Figura 4.5) seria mais adequado para o treinamento?

Zonas de forma esportiva e quase forma esportiva

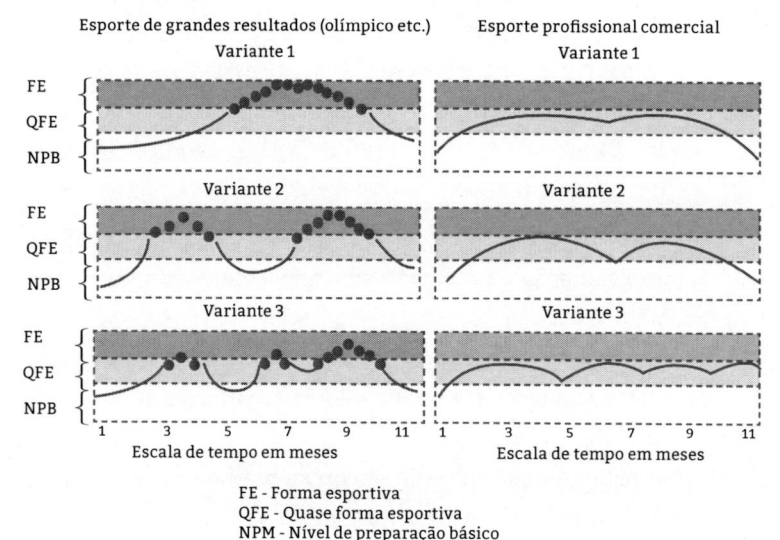

Esporte de grandes resultados (olímpico etc.)
Variante 1

Esporte profissional comercial
Variante 1

Variante 2

Variante 2

Variante 3

Variante 3

Escala de tempo em meses

Escala de tempo em meses

FE - Forma esportiva
QFE - Quase forma esportiva
NPM - Nível de preparação básico

Fonte: Matveev, 1977.

a) Variante 1 dos esportes de grandes resultados.
b) Variante 3 dos esportes comerciais.
c) Variante 3 dos esportes de grandes resultados.
d) Variante 2 dos esportes de grandes resultados.
e) Variante 2 dos esportes comerciais.

3. Ao iniciar a preparação de uma modalidade desportiva individual que apresenta elementos motores de estereótipos baixos, um atleta inicia a fase do treinamento com movimentos de alto grau de imprevisibilidade. A esse respeito, assinale a alternativa que cita o mesociclo mais adequado para essa estrutura:

a) Mesociclo estabilizador.
b) Mesociclo de introdução.
c) Mesociclo de desenvolvimento.
d) Mesociclo de controle.
e) Mesociclo de transição.

4. Um esgrimista, ao observar o posicionamento de um oponente (posição do pé que está atrás e dos braços) que ele conhece bem em termos esportivos, percebeu a necessidade de atacá-lo, antecipando-se, assim, à ação. Nesse cenário, de acordo com o modelo de processamento de informação expandido, assinale a alternativa correta:

   a) Antecipar-se ao golpe de seu oponente é característica da programação da resposta em função da escolha do movimento correto.

   b) Antecipar-se ao golpe de seu oponente é característica da seleção da resposta em função da escolha do movimento correto.

   c) Antecipar-se ao golpe de seu oponente é característica da identificação do estímulo, algo que ocorre de forma natural, quase como um reflexo.

   d) Antecipar-se ao golpe de seu oponente é uma característica de praticantes experientes e que, geralmente, conhecem muito bem seus adversários.

   e) Antecipar-se ao golpe de seu oponente é uma característica de praticantes inexperientes, que se arriscam demais.

5. Considere o caso de um lutador de MMA que acabou de retornar de uma lesão e recebe o inesperado convite de substituir outro atleta que se lesionou. A luta ocorrerá quatro semanas após a data do convite. Assinale a alternativa que corresponde à melhor forma de preparação desse atleta:

   a) O modelo clássico de periodização não condiz com a realidade desse atleta, pois seu tempo para a preparação competitiva é curto.

   b) O modelo clássico de periodização pode ser utilizado, pois há tempo para adaptações crônicas das qualidades gerais.

c) O modelo clássico de periodização não condiz com a realidade desse atleta. Por isso, a melhor forma de trabalho é começar com intensidades baixas, para aumentá-las progressivamente até a competição.
d) O modelo clássico de periodização não condiz com a realidade desse atleta. Nesse sentido, a melhor forma de trabalho é começar com intensidades altas e reduzi-las progressivamente.
e) O melhor modelo, neste caso, seria a periodização em bloco.

Atividades de aprendizagem

Questões para reflexão

1. Imagine-se como um preparador físico de um atleta representante de uma modalidade esportiva individual à sua escolha. Agora, reflita: Como você estruturaria um microciclo ordinário de quatro dias de um mesociclo estabilizador?
2. Imagine-se como preparador físico de um atleta de MMA. Reflita sobre quais seriam as vantagens de promover um circuito de preparação geral para esse competidor.

Atividade aplicada: prática

1. Escolha uma modalidade desportiva individual e procure defini-la de acordo com os seguintes critérios:
   - manifestação de suas características técnicas;
   - especificidades cinemáticas, dinâmicas e rítmicas.

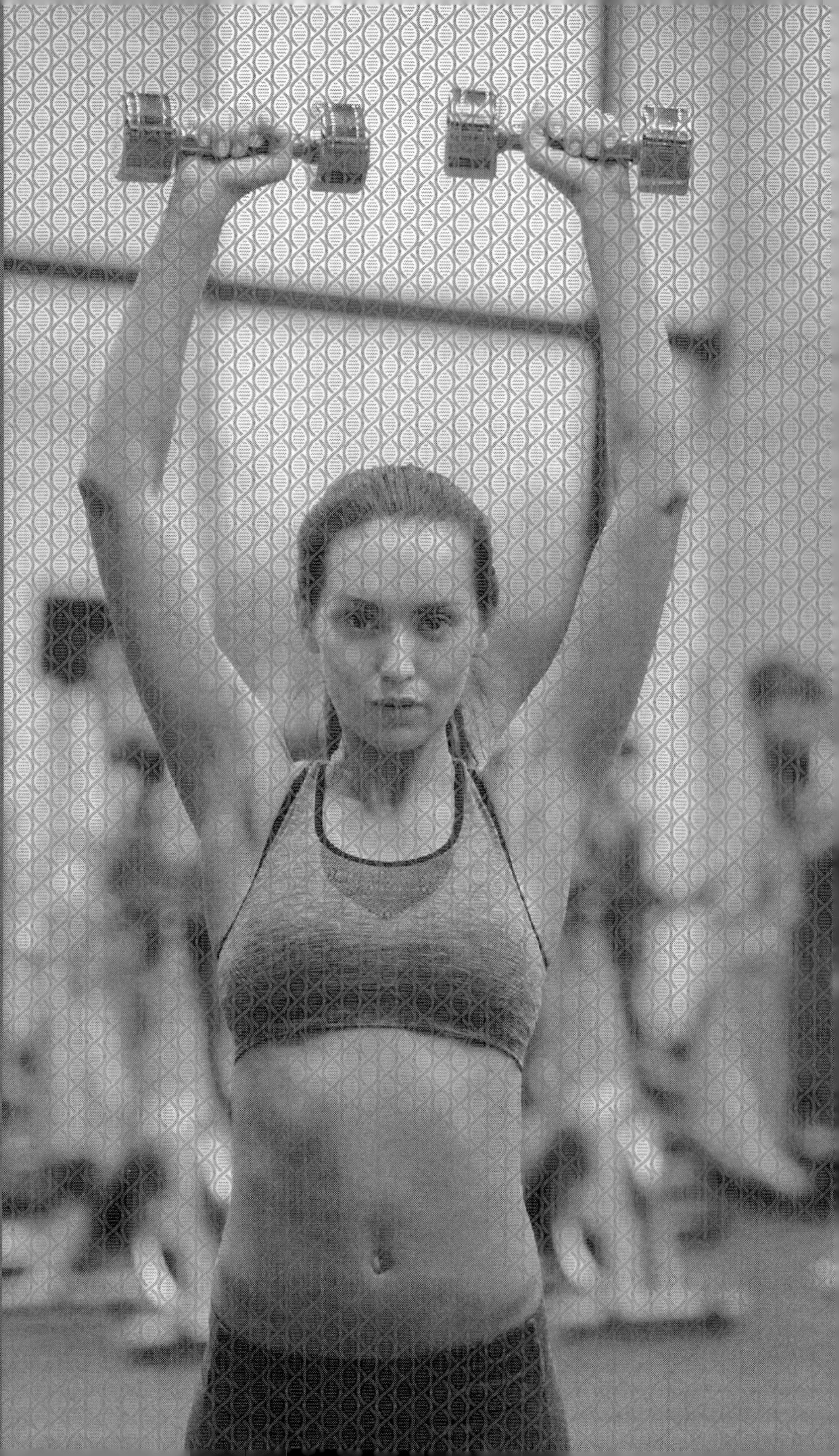

Capítulo 5

Metodologia do treinamento de força nos esportes individuais

A força é uma qualidade física essencial no processo de preparação desportiva, pois embasa a *performance* atlética da grande maioria dos esportes individuais. Pode ser cobrada desportivamente de forma direta, como nas modalidades de arremesso, lançamentos, saltos, levantamento de peso, corridas de velocidade, ou de forma indireta, como nos esportes de combate, na natação ou nos golpes do tênis.

Sob essa ótica, neste capítulo, pretendemos lhe mostrar as possibilidades de trabalhar a força, especialmente nos esportes individuais, elencando seus tipos, bem como suas formas de planejamento e orientação nas sessões de treinamento.

5.1 Treinamento de força: características e transversalidade

A força é, provavelmente, uma das qualidades físicas mais estudadas no âmbito esportivo e uma das mais importantes no esporte (Hori et al., 2008). Nesse sentido, é significativa a quantidade de profissionais do desporto preocupados em correlacionar essa qualidade às demandas esportivas. Tanto para profissionais de Educação Física como para médicos e fisiologistas, a força se tornou um objeto de estudo expressivo.

Por conta disso, suas definições não são poucas. Por isso, apresentamos no Quadro 5.1 algumas descrições de força, segundo Álvarez, Grigoletto e Manso (2017):

Quadro 5.1 Definições de força para o esporte

Autor	Definição de força
Kuznetsov	Resultado do trabalho total de um grupo de músculos, baseado na coordenação intermuscular.
Knuttgen, Kraemer	Máxima capacidade de um músculo ou grupo muscular para gerar tensão específica em determinado padrão de movimento a uma velocidade específica.
Bompa	Capacidade neuromuscular de superar resistências externas ou internas, por meio da concentração muscular.
Zimmermann	Capacidade ou condição motriz indispensável em qualquer atividade física do ser humano, assim como para o rendimento esportivo

(continua)

(Quadro 5.1 – conclusão)

Autor	Definição de força
Harman	Capacidade de exercer força (gerar tensão) em determinado conjunto de condições definidas pela posição do corpo, pelo movimento do corpo, pela força que se aplica, pelo tipo de movimento (concêntrico, excêntrico, isométrico, pliométrico) e pela velocidade do movimento.
González-Badillo e Gorostiaga-Ayestarán	Representa a força útil que pode ser aplicada ou manifestada na velocidade com que, no esporte, realiza-se o gesto esportivo.
Verkhoshansky	Capacidade de um músculo ou grupo muscular gerar tensão muscular em virtude de condições específicas.
García-Manso	Capacidade do atleta tem de gerar tensão mediante uma contração ou uma deformação muscular que se aplica a um gesto esportivo ajustado em cada momento das necessidades que a situação de jogo requer. O nível de tensão vem condicionado em cada caso: pela posição em que se trabalha as estruturas de articulação; pelo gesto ou movimento em que se aplica a força; pelas necessidades da força requerida; pelo tipo de contração com que trabalha o músculo; pela velocidade com que se desenvolve a força.

Fonte: Álvarez; Grigoletto; Manso, 2017, p. 19-20.

Em contrapartida, Platonov (2008), de forma mais específica, afirma que existem três tipos de força a considerar no esporte, conforme explicitado no Quadro 5.2.

Quadro 5.2 Tipos de força e características

Tipo de Força	Definição	Modalidades em que são determinantes
Força máxima	Capacidade de máxima produção de força durante a contração muscular voluntária máxima.	Levantamento de peso olímpico, lançamento, arremesso, saltos, corrida de velocidade, lutas com elementos de curta distância (agarres), ginástica artística.

(continua)

(Quadro 5.2 – conclusão)

Tipo de Força	Definição	Modalidades em que são determinantes
Força de velocidade	Capacidade do sistema neuromuscular de mobilizar o potencial funcional para atingir altos indicadores de força em menor tempo.	Corrida de velocidade, natação de velocidade, ciclismo contra o relógio, esgrima, saltos, lutas com elementos de curta (projeções) e média distância (golpes de punho e chutes).
Força de resistência	Capacidade de conservar altos indicadores de força por períodos prolongados e de superação da fadiga realizando um grande número de repetições.	Modalidades cíclicas, ginástica, lutas com elementos de curta distância (submissões, estrangulamentos manutenção das pegadas).

Fonte: Platonov, 2008, p. 428-429.

Os tipos de força precisam ser compreendidos como parte de um complexo inter-relacionado, e seu treinamento deve levar em consideração todas as categorias, mas com diferentes níveis de volume de acordo com a especificidade do esporte.

Por exemplo, existem relações positivas entre o treinamento de uma força que possa beneficiar a outra por conseguinte. A força máxima atua positivamente sobre os níveis de força de velocidade, bem como na força de resistência. Assim sendo, treinar a força máxima permite um melhor desempenho em qualquer modalidade esportiva, independentemente do tipo de força requerida na atividade.

Por esse motivo, há um grande número de modalidades cujos atletas são adeptos de formas de treinamentos que fazem uso da força máxima. Um dos expressivos exemplos é o levantamento de peso olímpico (LPO).

Diversos preparadores físicos incluem nos planejamentos de seus atletas os exercícios do LPO por serem excelentes atividades para o desenvolvimento da força máxima.

Esse tipo de proposta está embasada na transferência dos resultados do treinamento, caracterizado pelo "treinamento de exercícios auxiliares no programa de treinamento para melhora das capacidades específicas de uma modalidade esportiva" (Zatsiorsky; Kraemer, 2008, p. 23).

O LPO é caracterizado por seu alto potencial de transversalidade, definido por sua capacidade de produzir efeitos positivos nas qualidades de força, coordenação motora e flexibilidade, exigidos pela grande maioria dos esportes, pois "a transferência dos exercícios usados na sala de pesos para a capacidade esportiva é relevante para o conceito de força específica à tarefa" (Zatsiorsky; Kraemer, 2008, p. 34).

Hori et al. (2005) estudaram como a transversalidade pode ser mensurada no LPO e evidenciaram que a causa primária de sua utilização em outras modalidades esportivas se dá pela similaridade entre a tripla extensão de joelho, tornozelo e quadril.

Por seu turno, Santana e Vale (2018) realizaram um levantamento bibliográfico referente às possíveis contribuições do LPO em diversas modalidades esportivas. Os autores observaram que sua utilização nas sessões de treinamento evidenciam um aumento de desempenho mesmo quando os atletas apresentam alto desgaste físico, especialmente por conta do aumento da espessura do vasto lateral e do reto femoral.

Sob essa ótica, observe o Quadro 5.3, a seguir, referente aos dados encontrados sobre a transversalidade do LPO.

Quadro 5.3 Levantamento bibliográfico sobre a transversalidade do LPO

Autor, ano	Avaliação	Esportes estudados	Resultados	Escala de Pedro
Helland C, et al. (2017)	Salto contra movimento	Hóquei no gelo, voleibol e *badminton*	Melhorias: Salto contra movimento; Salto com agachamento; *Drop* salto	8
Loturco, I. et al. (2015)	Salto contra movimento	Atletas de futebol	Melhorias: salto contra movimento; Salto com agachamento	8
Howatson, G. et al. (2016)	Salto contra movimento	Velocistas e saltadores	Melhorias: salto contra movimento; Diminuição: contração voluntária máxima	6
Hoffman J. R. et al. (2004)	Salto contra movimento	Atletas de futebol americano	Melhorias: 1RM agachamento; Salto vertical	8

Fonte: Santana; Vale, 2018, p. 18.

Contudo, a utilização do LPO requer cuidados. A grande disseminação dessa prática encoraja alguns preparadores que, por falta de conhecimento, acreditam que a simples tentativa de copiar os movimentos dos atletas de LPO e transmiti-los a seus atletas é o bastante. No entanto, alertamos que isso deve ser evitado.

O LPO não consiste no simples levantamento de peso; trata-se de uma atividade que demanda um grande recrutamento de unidades motoras com alto grau coordenativo e, por consequência, grande teor de dificuldade técnica. Não respeitar os determinantes motores finos das tarefas do LPO é um passaporte para lesões. Logo, a aquisição técnica se faz necessária ao se iniciar um programa de treinamento para atletas que não são do LPO. Fazemos a ressalva de que atletas que usam o levantamento de peso como suplemento não precisam do refinamento técnico particular dos atletas de LPO, mas devem seguir, no mínimo, os padrões básicos requeridos pela prática.

5.2 Especificidade da força e aplicabilidade em diferentes tarefas

Bompa (2001) desenvolveu cinco leis básicas para o treinamento de força, quais sejam:

1. a flexibilidade articular;
2. capacidade dos tendões em suportar tensão;
3. força nos músculos do tronco;
4. músculos estabilizadores;
5. movimentos, e não ação isolada dos músculos.

É importante lembrar que o ganho de força é determinado por diversas variáveis que precisam ser consideradas, especialmente no esporte. A esse respeito, Moritani e De Vries (1979) demonstram que os ganhos na força não advêm diretamente do aumento de volume muscular. Nas primeiras quatro a seis semanas de treinamento, os ganhos na força provêm essencialmente de adaptações neurais.

A escolha por trabalhar a força nos esportes individuais não é aleatória. É necessário que o técnico e o preparador físico tenham clareza das necessidades do esporte – o que se convencionou chamar de *análise das necessidades*.

Fleck e Kraemer (2017) levantaram as principais variáveis para a análise das necessidades da força nos esportes:

- **Quais grupos musculares devem ser treinados**
  Partindo-se do princípio da especificidade, a análise biomecânica permite evidenciar os grupamentos musculares mormente utilizados em cada modalidade esportiva para a simulação do movimento com a orientação para a articulação envolvida, a amplitude, o padrão de resistência ao longo da amplitude, o padrão de velocidade e os tipos de movimento.

- **Quais fontes básicas de energia devem ser treinadas**
  Orienta-se o treinamento de força para a grande maioria das modalidades esportivas, independentemente de sua especificidade, devido à transferência inter-qualidades. Fleck e Kraemer (2017) afirmam que o treinamento de força pode ser incluído até mesmo para modalidades predominantemente aeróbias, por conta das reduções na tensão cardiovascular, do aumento de massa magra e da melhoria da dinâmica do fluxo sanguíneo.

- **Que tipo de ação muscular deve ser treinada**
  Vale observar a ação muscular da modalidade e, acima de tudo, verificar se determinada característica realmente pode contribuir para a *performance*. Del Vecchio et al. (2007) indicaram que os atletas de jiu-jítsu brasileiro necessitam de alta força isométrica nas imobilizações e nas submissões. Nessa modalidade, portanto, tais exercícios podem ser simulados com ações específicas, por meio de pesos voltado à força de resistência. Em contrapartida, o judô, também uma modalidade com elementos de curta distância, tem como característica as pegadas no *judogui*, levando alguns autores a acreditarem que o

treinamento para a força de preensão manual pudesse dar alguma vantagem ao atleta. Mas Franchini et al. (2001) averiguaram que atletas com maiores níveis de força de preensão manual não têm necessariamente os melhores resultados competitivos. Logo, os autores concluíram que pode representar perda de tempo se dedicar a exercícios específicos dessa qualidade para atletas de judô.

- **Quais são os principais locais de lesão para o esporte ou a atividade específica e qual é o histórico de lesões anteriores do indivíduo**

  Atualmente, o termo *pré-habilitação* tem sido empregado para se referir à prevenção de lesões potencialmente causadas pelo treinamento de força, em especial visando às articulações e aos grupamentos mais afetados pelo esporte. Nesse sentido, é essencial fazer o levantamento do perfil de lesão da modalidade. Nesse sentido, o *cross training*, mesmo sendo recente, já é uma modalidade esportiva bem-documentada no que se refere ao quantitativo de praticantes. De acordo com Xavier e Lopes (2017), em pesquisa descritiva transversal com praticantes da modalidade com idades entre 18 a 59 anos de ambos os sexos, as lesões mais frequentes são de ombro (44,2%), coluna (40,3%) e joelho (35,1%). De forma mais geral, Torres (2004) estudou o perfil epidemiológico das lesões no esporte em 19 modalidades e descobriu que os tipos de lesão de maior acometimento foram as musculares (54,09%), as articulares (23,63%) e as ligamentares (22,27%); com relação às regiões do corpo, os autores verificaram que o joelho é a região comumente mais afetada.

- **Quais são as necessidades específicas para força muscular, hipertrofia, resistência, potência, velocidade, agilidade, flexibilidade, composição corporal, equilíbrio e coordenação**

Determinar quais são as qualidades físicas especiais de cada modalidade esportiva é fundamental para se decidir ou não pela inclusão do treinamento de força, além de ser essencial para se determinar o tipo de treinamento de força a ser aplicado. Para Fleck e Kraemer (2017), algumas modalidades necessitam de uma alta relação entre força e massa corporal ou potência e massa corporal. Nessas modalidades, a força deve ser trabalhada sem aumentos significativos na massa muscular. Isso fica particularmente evidente nas modalidades de LPO e nas lutas em geral. Este, inclusive, é um erro comum em muitos lutadores que fazem uso de treinamentos de força de forma equivocada, aumentam sua massa muscular e, em seguida, são obrigados a fazer uso das técnicas de perda rápida de peso pré-pesagem.

5.3 Metodologia do treinamento de força segundo diferentes concepções

Neste ponto da leitura, você certamente já sabe que a escolha pelo treinamento de força nos esportes não pode ser aleatória. Ela deve se pautar em diversas variáveis que ajudam a definir se o investimento nesse tipo de qualidade é ou não necessário. Em caso afirmativo, outras dúvidas surgem, tais como quais tipos de força devem ser trabalhadas e quais metodologias do treinamento de força podem ser desenvolvidas para se alcançar os objetivos.

Por essa razão, nesta seção evidenciaremos os tipos de treinamento de força e, posteriormente, as metodologias para cada tipo de treinamento.

5.3.1 Tipos de treinamento de força

O trabalho de força é essencial em qualquer esporte, mas saber qual deve ser a especificidade da força utilizada é mais importante do que simplesmente generalizar esse trabalho. Geralmente, a qualidade força costuma ser tratada de forma muito abstrata quando aplicada ao treinamento desportivo. Afinal, força é força, certo?

Não é bem assim. Na física, sua definição pode variar de acordo com as situações de atuação. Não é muito diferente quando se trata de treinamento físico, pois é possível mostrar e treinar tipos distintos de atuação de força.

5.3.1.1 Treinamento isométrico

O treinamento isométrico ou estático se refere à ação muscular sem movimento, sem alteração do comprimento total do músculo. Estudos como os de Hettinger e Müller (1953) e de Steinhaus (1954) foram os precursores nas evidências relativas a esse tipo de treinamento de força.

Os primeiros evidenciaram ganhos de força isométrica no quantitativo de 5% por semana a 66% da força máxima (Hettinger; Müller, 1953). Entretanto, Platonov (2008) afirma que o ganho em força isométrica por conta desse regime de trabalho é acompanhado da diminuição da velocidade de movimento.

Logo, torna-se necessário observar o custo-benefício desse treinamento em algumas modalidades esportivas. Desportos caracterizados por força rápida e velocidade de movimentos provavelmente devem evitar associar o treinamento em isometria em sessões de treinamento de força.

É comum promover alguns regimes de trabalho fisioterápico para a musculatura de manguito rotador ser utilizada na força em isometria com a aplicação de força sobre uma parede ou mesmo com halteres ou polias. Entretanto, para mesatenistas, tenistas e boxeadores, este não deve ser um estímulo de força proposto.

Tendo em vista sua característica de perda de velocidade de movimentos, atletas de modalidades em que se exige boa parcela de tempo em esforço isométrico, como o jiu-jítsu, poderiam se beneficiar desse tipo de treinamento, diferentemente de atletas de judô, para os quais a velocidade de entradas dos golpes é determinante para a *performance*.

Outra característica do treinamento isométrico diz respeito ao perfil fisiológico. Para Fleck e Kraemer (2017), ao longo das ações isométricas, há uma oclusão vascular que propicia aumentos de metabólitos e da acidez, o que permite o aumento de força como adaptação crônica a esse trabalho.

5.3.1.2 Treinamentos concêntrico e excêntrico

As ações motoras voluntárias isotônicas se caracterizam por ações concêntricas e excêntricas. Nas contrações concêntricas, há o encurtamento da musculatura envolvida ou sua contração. Já na fase excêntrica, há o alongamento ou encurtamento controlado da musculatura trabalhada.

Existem métodos de treinamento que permitem valorizar cada tipo de fase, uma mais do que a outra. Nesse caso, a literatura registrou algumas particularidades.

O método de **treinamento de força concêntrico** permite valorizar a sobrecarga na fase concêntrica da execução do movimento. Geralmente, a velocidade de execução do movimento deve ser baixa, especialmente na fase concêntrica.

Na Figura 5.1, é possível identificar as duas ações, concêntrica e excêntrica, em um exercício comum na academia.

Figura 5.1 Ação concêntrica e excêntrica no supino com halteres

Fonte: Brauer et al., 2019, p. 80.

Esse tipo de treinamento propicia aumentos significativos na força máxima, mas não contribui eficazmente para a força de velocidade. Assim, atletas que necessitam de força de velocidade precisam analisar o custo-benefício desse modelo.

Já o **treinamento excêntrico** se refere à ênfase da concentração de força na fase excêntrica do movimento, ou seja, eleva-se determinada carga, com auxílio, e na fase determinada, segura-se a carga.

Assim, esse treinamento se caracteriza pela utilização de uma carga maior do que no treinamento concêntrico. Algumas características são peculiares: menor número de fibras acionadas e grande acumulação de produtos da decomposição da musculatura.

Barroso, Tricoli e Ugrinowitsch (2005) evidenciaram que o treinamento excêntrico possibilita maiores ganhos de força e hipertrofia do que outros modelos de treinamento. De acordo com os estudos levantados pelos autores, os maiores ganhos de hipertrofia advindos do treinamento excêntrico estão relacionados a um maior grau de tensão e danos a que as fibras musculares são submetidas.

Mas por não ter muita especificidade nos movimentos da maioria das modalidades esportivas, o treinamento excêntrico não é recomendado para atletas. Além disso, em virtude da utilização de grandes cargas sobre um quantitativo menor de fibras musculares, seu potencial lesivo é maior do que no método concêntrico.

5.3.1.3 Treinamento pliométrico

O treinamento pliométrico (Figura 5.2) é voltado à força de velocidade e à potência muscular. Utiliza a capacidade de realizar força máxima de forma rápida e explosiva, sendo que "a frenagem da queda relativamente rápida de corpo provoca o alongamento acentuado dos músculos criando forte potencial de esforço" (Platonov, 2008, p. 433).

Figura 5.2 Treinamento pliométrico

Em virtude da grande necessidade de recrutamento de unidades motoras, esse tipo de treinamento permite aumentar a potência do trabalho muscular. Além disso, possibilita coordenar os esforços concêntrico e excêntrico, sendo essencial para a melhoria dos indicadores de potência.

Entretanto, não se trata de um método que deve ser trabalhado com qualquer indivíduo, mas apenas com atletas e praticantes treinados e condicionados e que já envolvam níveis de força acima da média. Devido à grande necessidade coordenativa, esse tipo de treino tem grandes potenciais lesivos.

Ainda, quando há cobrança na velocidade de movimento associado ao trabalho de força, observa-se que a força máxima não é bem desenvolvida (Platonov, 2008). Assim, para modalidades esportivas que demandem força máxima, como lutas que envolvem agarres, arremessos, manipulação de articulação ou LPO, esse método parece não ser tão eficaz.

5.3.1.4 Treinamento isocinético

A velocidade do ato motriz se mantém constante no treinamento isocinético (Figura 5.3). A particularidade desse modelo é que não existe, necessariamente, uma carga particular a ser levantada, pois o objetivo central é controlar a velocidade.

Resumidamente, o indivíduo é colocado no aparelho específico onde "acontece a aceleração 0 grau por segundo até que a velocidade programada seja alcançada. Após isso, não é mais possível acelerar e qualquer força aplicada ao equipamento resulta igual força de reação" (Fleck; Kraemer, 2017, p. 36).

Figura 5.3 **Aparelho isocinético**

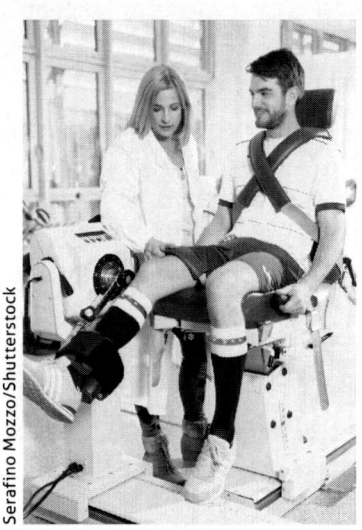

Serafino Mozzo/Shutterstock

Essa particularidade do método isocinético propicia o trabalho com cargas ótimas ao longo de todo o movimento, garantindo que o executante desenvolva uma ação sobre uma resistência constante em todos os ângulos das repetições. Isto significa que a musculatura envolvida pode realizar força máxima ao longo da maior parte do movimento.

Caruso et al. (1997) observaram que um treinamento isocinético de nove semanas resulta em aumentos na força isocinética concêntrica, mas não na excêntrica.

Uma variável do treinamento isocinético é a velocidade de movimento. Nesse sentido, exercícios isocinéticos realizados em alta velocidade podem não gerar significativos aumentos de força máxima. Entretanto, eles permitem o desenvolvimento da força de resistência, o que é altamente benéfico para modalidades cíclicas, como a natação, o ciclismo e a corrida.

Duas importantes críticas são feitas a este modelo de treinamento:

1. trata-se de uma metodologia que demanda uma aparelhagem cara, além de que a maioria dos equipamentos permite movimentos muito limitados;
2. a falta de especificidade de movimentos sugere não ser interessante investir nesse tipo de treinamento de força.

5.3.1.5 Hipertrofia das fibras musculares glicolíticas por hiperplasia das miofibrilas

Geralmente, quando se fala em treinamento de força, pensa-se apenas nas fibras de contração rápida. Todavia, é preciso considerar os tipos de força, bem como a ideia de se alinhar os treinos às especificidades das modalidades esportivas.

Para exemplificar, considere um corredor de provas de 400 m ou 800 m. Lembre-se de que as fibras principais na participação de sua atividade são as anaeróbicas láticas, ou seja, as fibras musculares glicolíticas. Quanto maior for seu volume, maior será seu potencial de geração de força para a modalidade. A esse respeito, Dias, Oliveira e Brauer Jr. (2017) apresentaram estudos de Zatsiorsky, Platonov, Hartmann e Tunnemann sobre os efeitos desse tipo de treinamento.

Outro método de treinamento de força apresentado por Dias, Oliveira e Brauer Jr. (2017) permite a hipertrofia das fibras musculares glicolíticas por meio de hiperplasia das miofibrilas. Para isso, a intensidade da contração deve ser de 60% a 100% da repetição máxima (RM), com durações entre 20 a 40 s, até a rejeição; mais duas repetições parciais forçadas; intervalo de descanso de 5 a 10 min, até a redução mínima dos íons de hidrogênio; número de série por grupo muscular 4 a 9, com aproximadamente três a sete treinos na semana.

5.3.1.6 Hipertrofia das fibras musculares oxidativas por meio da hiperplasia das miofibrilas (isoton/estático-dinâmico)

Outra interessante variável no treinamento de força é a possibilidade de desenvolvimento das fibras musculares oxidativas por meio da hiperplasia das miofibrilas, chamada de *isoton* ou *estático-dinâmico*.

Sua prática se assemelha ao treinamento das fibras musculares glicolíticas por hiperplasia das miofibrilas. Entretanto, em seu desenvolvimento, exige-se a constante contração muscular sem o relaxamento – não se tratando, porém, de um treinamento isométrico.

O isoton permite a oclusão vascular, levando as fibras à hipóxia, o que pode intensificar a glicólise anaeróbia nas fibras oxidativas, com acúmulo de lactato e íons de hidrogênio.

Nesse tipo de treino, é fundamental que as fibras musculares oxidativas sejam as mais recrutadas. Para isso, uma das principais variáveis desse modelo se refere à cadência das repetições.

Precisa ser muito lenta, com a estabilização do movimento em contração em 2 s.

Por exemplo: a duração do exercício com um trabalho de 30 s, 30 s de descanso, três a seis vezes com séries de 20 a 40 s, até a dor, com mais duas repetições forçadas, devendo a intensidade da contração estar entre 10% e 60% do RM, com descanso, entre as séries, de 5 a 10 min de forma ativa, sendo de três a sete treinos na semana.

Considerando os tipos de treinamento apresentados nesta seção, observe o Quadro 5.4, a seguir, que permite comparar os períodos de desenvolvimento da força de acordo com suas variáveis. Esclarecemos que as indicações de referência constam no original de Marques Jr. (2005).

Quadro 5.4 Evolução e involução do treino neuromuscular

Tipo de treino neuromuscular	Evolução	Involução
Força máxima na musculação	4 a 5 meses em homens (Badillo; Ayestarán, 2001)	7 dias a 1 mês de destreino, cerca de 7% a 13% de involução (Maglischo, 1999)
Força rápida na musculação	4 a 5 meses nos homens (Badillo; Ayestarán, 2001)	7 dias a 1 mês de destreino, cerca de 7% a 13% de involução (Maglischo, 1999)
Salto vertical	6 cm com seis meses de treino (Esper, 2004); 1 cm a cada mês ou acontece um platô ao longo dos meses no salto da cortada (Silva et al., 2004) 1 a 3 cm a cada mês ou acontece um platô ao longo dos meses no salto do bloqueio (Silva et al., 2004)	Reduz em 10 cm o salto vertical com 15 dias sem treino (Esper, 2004) Reduz em 1 a 6 cm o salto vertical com sete dias sem treino (Esper, 2004)

(continua)

(Quadro 5.4 – conclusão)

Tipo de treino neuromuscular	Evolução	Involução
Multisaltos com peso (agachamento balístico)	Aumenta significativamente a força maxima e a potência em 6 meses (Häkkinen et al., 1985)	Dimuniu significativamente a força maxima e a potência em 4 meses de destreino (Häkkinen et al., 1985)
Salto em profundidade	Melhora 5 cm o salto vertical em 2 meses (Newton et al., 1999)	–
Força de resistência muscular localizada na musculação	–	Diminui em 14 dias sem treino (Wilmore; Costill, 2001)
Flexibilidade	Melhora em 2 a 3 meses de treino (Wilmore; Costill, 2001)	Em 1 mês de destreino piora em 100% (Maglischo, 1999)

Fonte: Marques Jr., 2005, p. 52-53.

Marques Jr. (2005) elaborou esse quadro de acordo com pesquisa de levantamento bibliográfico das publicações realizadas até 2005.

5.4 Periodização do treinamento de força

Como já expusemos ao longo da obra a periodização é a forma racional de distribuir as qualidades físicas e de cargas para que o atleta otimize seus ganhos com respeito às reduções e aos aumentos de intensidades dispostas de acordo com diversas variáveis, dentre elas o calendário esportivo. Contudo, há variáveis fundamentais que precisam ser consideradas no processo de periodização, tais como o tipo de qualidade a ser desenvolvida.

A força está entre as qualidades que têm ganhos máximos se for pensada pelo pressuposto da periodização, havendo formas específicas para esse trabalho.

No caso de periodização clássica, há os macrociclos dispostos em: período preparatório; período de competição; período de transição. O período preparatório, composto de período de preparação geral e período específico, está sujeito a variáveis que precisam ser respeitadas.

É evidente que a periodização do treinamento se define pela orientação racional de todas as qualidades físicas para o alcance da forma esportiva. Todavia, muitos profissionais do treinamento averiguaram seus efeitos em qualidades específicas, dentre elas a força.

Zatsiorsky e Kraemer (2008) afirmam que, para uma periodização do treinamento de força, são necessários quatro quesitos:

1. **Transformação retardada** – Refere-se ao período de treinamento responsável por uma sequência de exercícios mais leves após um período extenuante de treinamento avançado. É essencial para aumentos nos ganhos de força, especialmente quando estes já não têm sido observados por outros meios.

2. **Transmutação retardada** – Segue lógica similar à da transformação retardada, pressupondo modificações no treinamento específico. Entretanto, as variações concentram-se no exercício e não necessariamente nas intensidades. Este período se caracteriza pela mudança nos protocolos de treinamento e ênfase em exercícios de grupamentos musculares auxiliares. De acordo com Zatsiorsky e Kraemer (2008), nesse período não se observam aumentos progressivos na força específica; pelo contrário, há redução; ainda assim, aumenta-se o potencial de desenvolvimento.

3. **Resíduos de treinamento** – Referem-se ao tempo que determinadas qualidades físicas levam para serem perdidas quando da ausência de treinamento específico, ou seja, condizem ao destreinamento. Via de regra, quanto mais longo for o período de treinamento, mais rápido será o período de destreinamento; "em outras palavras: 'muito treino, muito destreino'" (Zatsiorsky; Kraemer, 2008, p. 113). Atletas de elite mais maduros tendem a retornar suas qualidades físicas com mais velocidade. Geralmente os benefícios mais estáveis são das transformações de ordem morfológica da musculatura esquelética, como o tamanho do músculo.

4. **Sobreposição dos efeitos de treinamento** – A variedade de exercícios e protocolos de treinamento de força são fundamentais para o desenvolvimento dessa qualidade. Contudo, nem todo tipo de treinamento gera efeitos similares sobre a qualidade trabalhada; pelo contrário, pode vir à prejudicá-la. Por exemplo: o ganho de força por hipertrofia tem efeitos negativos sobre a resistência aeróbia por causa da densidade capilar reduzida na musculatura requerida (Zatsiorsky; Kraemer, 2008, p. 115).

Para uma compreensão mais global dos quesitos recém-apresentados, lembre-se das características de cada fase do macrociclo:

- **Período preparatório geral** – Predomínio do volume sobre a intensidade; exercícios complexos; grande variedade de exercícios e protocolos para o desenvolvimento da força; proposição de exercícios diferentes daqueles comuns à modalidade.
- **Período de preparação específica** – Predomínio da intensidade sobre o volume; exercícios mais específicos da modalidade; redução progressiva de protocolos de treinamento de força; evitação de exercícios que concorram com as qualidades de força específica das modalidades.

- **Período de competição** – Redução gradativa de intensidade de treinamento visando à aquisição do efeito retardado; exercícios na forma competitiva.
- **Período de transição** – Foco no destreinamento; momento em que se observa os resíduos do treinamento; é essencial para o retorno ao treinamento de força.

Partindo desse pressuposto, a literatura define três modelos diferentes de periodização de força:

1. **Modelo não periodizado** – Comum na década de 1960, quando se observava os atletas ou praticantes de exercícios resistidos sem muitas preocupações com a variação de intensidade e volume. Seus ganhos de força advinham da adaptação constante ao treinamento. Entretanto, com o intuito de adaptar o modelo da periodização clássica ao treinamento de força, O'Bryant, Byrd e Stone (1988) sistematizaram um modelo de periodização linear para a força.

2. **Modelo de periodização linear** – Similar ao modelo clássico de diminuição progressiva do volume e com aumento concomitante de intensidade. Foram encontrados ganhos superiores na força máxima em comparação com o modelo não periodizado. Entretanto, evidenciou-se que neste modelo de periodização linear o volume de treino é maior, concluindo-se que a manipulação de volume é o que permite melhores adaptações, e não a periodização em si.

3. **Modelo periodizado ondulatório** – Abrange outros modelos que apresentam alterações flutuantes de volume e intensidade. Kraemer (1997) mostrou que há uma superioridade de ganhos de força em atletas submetidos à

periodização ondulatória em detrimento do modelo fixo, evidenciando que o modelo periodizado é mais vantajoso por conta da manutenção do processo adaptativo da variação de volume e intensidade semanal. Estes criam melhores condições para a hipertrofia (estresse metabólico e endócrino), a força máxima e a potência (pela imposição de estresse neural).

As variáveis de cada modalidade esportiva – nas qualidades físicas e motoras, nos calendários competitivos ou nos objetivos de cada praticante – limitam o campo de intervenção para a utilização da periodização do treinamento de força.

Nesse sentido, Seluianov, Dias e Andrade (2009) propuseram uma nova formatação da periodização para o treinamento de força. A periodização tradicional observa o aumento progressivo das cargas por semana. Entretanto, na modelagem proposta pelos autores, quando se altera a intensidade, muda-se o estímulo imposto à musculatura, com grandes variações nos tipos de fibras utilizadas. Por exemplo, em um mesociclo com quatro microciclos, treinam-se as fibras lentas ao longo de quatro semanas; mas as fibras rápidas essenciais para modalidades como lutas, atletismo, levantamento de peso, natação e provas de velocidade seriam treinadas apenas ao longo de duas semanas. Lembre-se de que o volume total de treinamento é essencial para as melhores adaptações. Portanto, o modelo tradicional não seria o melhor para tais modalidades.

Sob essa ótica, verifique no Gráfico 5.1, a seguir, o modelo tradicional da dinâmica geral de carga no mesociclo.

Gráfico 5.1 **Construção tradicional do mesociclo**

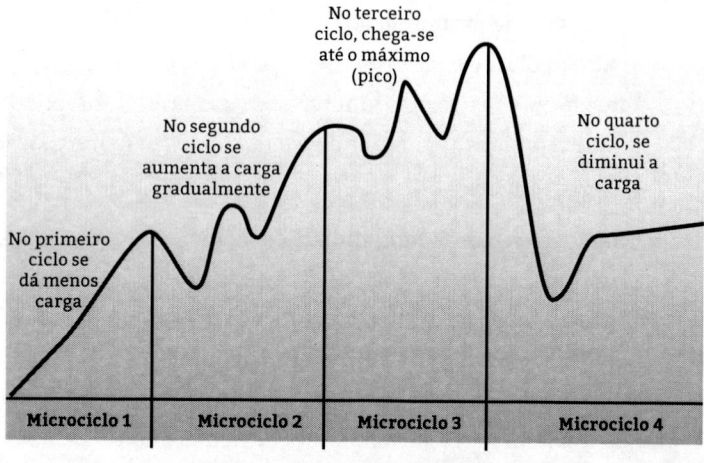

No primeiro ciclo se dá menos carga

No segundo ciclo se aumenta a carga gradualmente

No terceiro ciclo, chega-se até o máximo (pico)

No quarto ciclo, se diminui a carga

Microciclo 1   **Microciclo 2**   **Microciclo 3**   **Microciclo 4**

Dinâmica geral de carga no mesociclo

Fonte: Seluianov; Dias; Andrade, 2009, p. 108.

No modelo de periodização do treinamento de força proposto pelos autores, a intensidade dos exercícios precisa sempre ser elevada – com baixas variações ao longo dos microciclos; com isso, as fibras são estimuladas ao seu máximo em todos os microciclos. Contudo, o volume das cargas deve mudar em alguns períodos, mantendo a força e a resistência e evitando, portanto, o *overtraining*.

Os autores afirmam que seu modelo de periodização oferece benefícios a todas as modalidades esportivas – individuais e coletivas –, bem como a praticantes recreativos de musculação. Isso aconteceria porque há sobrecarga no organismo ao longo dos dois microciclos de força com descanso, associados a dois microciclos aeróbicos com obrigatoriedade de microciclos recuperativos apenas ao se adentrar no período competitivo.

A seguir, nos Gráficos 5.2 e 5.3, apresentamos os modelos da dinâmica do volume de cargas e de sua intensidade, respectivamente.

Gráfico 5.2 Dinâmica do volume de cargas em um mesociclo no novo modelo proposto

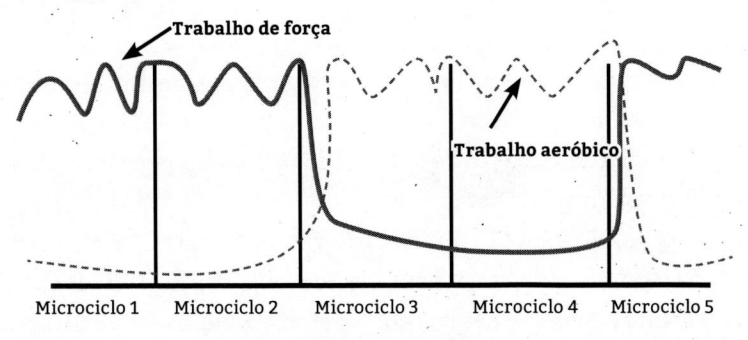

Trabalho de força

Trabalho aeróbico

Microciclo 1   Microciclo 2   Microciclo 3   Microciclo 4   Microciclo 5

Fonte: Seluianov; Dias; Andrade, 2009, p. 109.

Gráfico 5.3 Dinâmica da intensidade das cargas em um mesociclo no novo modelo proposto

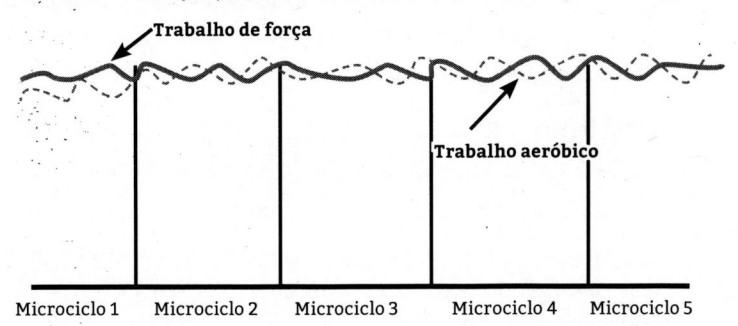

Trabalho de força

Trabalho aeróbico

Microciclo 1   Microciclo 2   Microciclo 3   Microciclo 4   Microciclo 5

Fonte: Seluianov; Dias; Andrade, 2009, p. 109.

É possível observar que a dinâmica da distribuição das cargas varia muito de acordo com cada período da fase de treinamento do atleta, indicando que tais estruturas estão dispostas para cada espécie de qualidade física. Assim, a preparação do atleta precisa ser condicionada pela aplicação planejada racionalmente, visando obter acúmulos de carga e adaptação adequada.

5.5 Sessões de treinamento da qualidade física força

A construção das sessões de treinamento representa a parte crítica de todo o processo e do sistema de preparação desportiva, pois é a materialização de todos os componentes pensados para a performance do atleta.

Logo, também deve ser desenvolvida de forma racional, orientada para os objetivos de curto, médio e longo prazos. Geralmente, a estrutura das sessões de treinamento é dividida em unidades, cada uma com objetivos distintos.

No Brasil, tendemos a dividir as sessões de treinamento partindo da herança do método francês: parte inicial, parte principal e volta à calma. Nas literaturas contemporâneas, observamos a divisão das sessões divididas em: preparação introdutória, parte básica ou fundamental e parte final.

- **Parte introdutória** – Fase essencial que visa preparar o atleta física e cognitivamente para as tarefas que serão executadas. De uma perspectiva cognitiva, o técnico ou o preparador físico passa ao atleta os exercícios que devem ser executados na sessão, seus objetivos, suas variáveis e a segurança necessária para tal. As etapas seguintes são:
  - **Aquecimento geral** – De acordo com Dias, Oliveira e Brauer Jr. (2017), o aquecimento precisa elevar o consumo de O_2 até o nível do limiar aeróbio (aproximadamente, 120 bpm); utilização de atividades aeróbias com recrutamento de muitos grupamentos musculares.
  - **Alongamento muscular** – Para o trabalho de força, sugere-se o alongamento balístico, que permite o encaixe ótimo da posição sarcomeral; deve-se evitar movimentos bruscos.
  - **Aquecimento específico** – Os exercícios precisam se aproximar ao máximo da execução das tarefas a serem

feitas na sessão, e podem ser desenvolvidos de forma previsível (fechados), com simulações dos movimentos que serão requeridos na sessão.

- **Parte básica ou fundamental** – Diz respeito ao conteúdo principal a ser desenvolvido no treinamento. A duração da parte principal de uma sessão de treinamento de força depende da intensidade que está sendo trabalhada, bem como do tipo de protocolo a ser utilizado. Obviamente, a sessão precisa concordar com as macros, mesos e microestruturas do processo de preparação.

- **Parte final** – Por conta do acúmulo de metabólitos, da depleção de glicogênio muscular, de microlesões que podem advir do trabalho de força, o desenvolvimento de tarefas aeróbias precisa ser preponderante nessa fase, além de permitir a redução de ácido lático no organismo (Dias; Oliveira; Brauer Jr., 2017).

5.5.1 Orientação das sessões de treinamento de força

As sessões de treinamento não seguem o mesmo padrão ou estrutura. Elas variam conforme a modalidade e a complexidade de movimentos e de apreensão técnica.

Para otimizar o processo de preparação, existem dois formatos de construção das sessões de treinamento:

1. **Orientação seletiva** – Geralmente, orienta-se ao desenvolvimento de qualidades físicas específicas, como a força, sempre objetivando a resolução de tarefas técnicas e táticas. Platonov (2008) evidenciou que a capacidade dos atletas aumenta no treinamento nas sessões de treinamento de orientação seletiva. As modalidades cíclicas, de velocidade ou resistência, como corridas, ciclismo e remo, utilizam-se dessas sessões.

2. **Orientação complexa** – Nas sessões de treinamento de orientação complexa, é possível trabalhar com mais qualidades inerentes à modalidade do atleta, por exemplo: na primeira etapa da sessão, trabalhar com a força, e depois, com a resistência anaeróbia; ou mesmo dividir a sessão de treinamento em desenvolvimento técnico e, posteriormente, trabalho de força. Em modalidades complexas como, jogos coletivos, lutas e tênis, a orientação das sessões de treinamento é complexa justamente para efetivar a solução de problemas diversos das modalidades.

É importante destacar que o tipo de orientação das sessões de treinamento deve estar alinhada às especificidades da modalidade desportiva ao perfil do atleta e ao momento em que ele se encontra em sua periodização. Isso permite afirmar que as orientações não se excluem – pelo contrário, podem se complementar.

Além disso, convém destacar que a literatura indica uma quantidade ótima de sessões de treinamento semanais, o que varia de acordo com o perfil dos praticante. A esse respeito, Miakinchenko e Chestokov (2006, citados por Dias; Oliveira; Brauer Jr., 2017, p. 53) sugerem uma frequência ótima de treinamentos dependendo do tipo de cliente.

Gráfico 5.4 Frequência ótima de treinos por semana por categorias de cliente

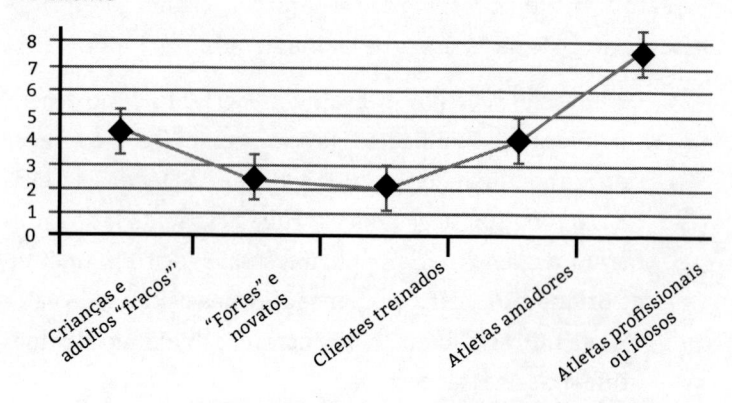

Fonte: Miakinchenko; Chestokov, citados por Dias; Oliveira; Brauer Jr., 2017, p. 53.

Crianças e adultos considerados fracos necessitam de uma frequência de cinco vezes por semana; alunos treinados e atletas amadores, entre três e quatro sessões; e idosos e atletas profissionais, mais de oito sessões por semana.

Marques Jr. (2005) informa que o trabalho de força deve ser executado no fim da tarde e à noite, devido ao aumento natural da produção de GH e de testosterona em tais períodos, o que pode gerar ganhos para essa qualidade.

Outro interessante posicionamento se refere à distribuição das orientações complexas das qualidades físicas nas sessões de treinamento. De tal modo, quando há necessidade de se trabalhar com qualidades físicas diferentes na mesma sessão de treinamento, é necessário seguir uma ordem que não interfira negativamente nas qualidades.

A esse respeito, Dias et al. (2017) apresentam as melhores possibilidades de orientação das qualidades físicas para uma mesma sessão de treinamento (Figura 5.4) em que AB = aeróbico de baixa intensidade; A(A) = aeróbico de alta intensidade; A(BLD) = aeróbico de baixa intensidade e longa duração; FX = flexibilidade; T = técnico; FO = força.

Figura 5.4 Melhores orientações das qualidades físicas nas sessões de treinamento

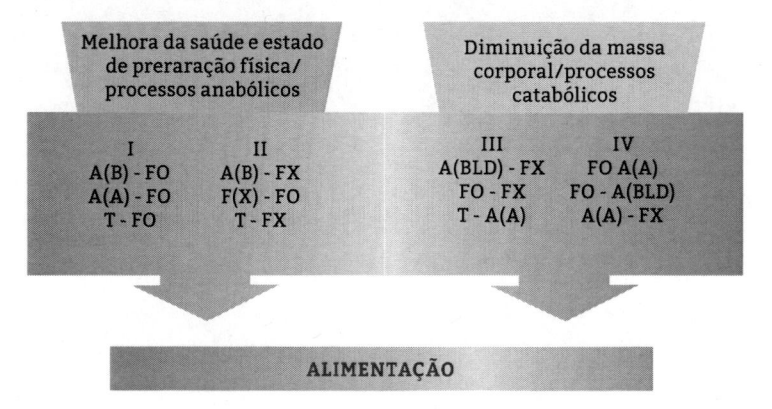

Melhora da saúde e estado de preraração física/processos anabólicos		Diminuição da massa corporal/processos catabólicos	
I	II	III	IV
A(B) - FO	A(B) - FX	A(BLD) - FX	FO A(A)
A(A) - FO	F(X) - FO	FO - FX	FO - A(BLD)
T - FO	T - FX	T - A(A)	A(A) - FX

ALIMENTAÇÃO

Fonte: Dias; Oliveira; Brauer Jr., 2017, p. 23.

Ao se observar a figura, nota-se que, para praticantes que visam à manutenção esportiva e aos processos anabólicos, o trabalho de força deve ser realizado após os exercícios aeróbios, devido à predominância de hormônios anabólicos. Caso contrário, haverá predomínio de hormônios catabólicos, como observado ao lado esquerdo da figura.

Síntese

Neste capítulo, averiguamos algumas particularidades de uma das qualidades físicas mais estudadas na Educação Física: a força. Nesse sentido, demonstramos que existe uma expressiva quantidade de estudos que se preocupam com essa temática, especialmente no âmbito desportivo de alto rendimento.

Falar de força requer cuidados, por causa dos tipos de força possíveis de serem executados. Ao afirmar que um atleta é forte, de qual tipo de força se está falando? Força de velocidade, força geral ou força de resistência? Um bom exemplo prático para se compreender essas forças em ação está nas competições World's Strongest Man. Uma das importantes características dessas competições se refere à utilização de atividades que envolvem todos os tipos de força, para, realmente, descobrir quem é o atleta mais forte.

No caso de modalidades mais específicas, cada uma possui uma forma de utilização da força; contudo, explicamos a possibilidade da utilização da força adquirida no treinamento de levantamento de peso olímpico para outros esportes – aproveitando seu potencial de transversalidade. Esse fenômeno ocorre fundamentalmente por conta da tripla extensão de joelho, tornozelo e quadril.

Também abordamos as possibilidades de desenvolvimento da força, para as quais fornecemos alguns exemplos, como: o treinamento que desenvolve a hipertrofia das fibras musculares oxidativas por meio da hiperplasia das miofibrilas (isoton/estático-dinâmico); o treinamento que desenvolve a hipertrofia das fibras musculares glicolíticas por hiperplasia das miofibrilas; os treinos isocinético, pliométrico, excêntrico, concêntrico e isométrico. Obviamente, diversas outras metodologias para o treinamento dessa qualidade foram deixadas de lado, não impedindo que você, estudante, busque se inteirar sobre elas.

Por fim, apresentamos as características da periodização do treinamento referentes à força. Para cada período há uma especificidade. Nesse sentido, existem diferentes formas de organizar as intensidades, como o treinamento não periodizado, a periodização linear e a periodização ondulada. Ainda demonstramos que, graças a variáveis endócrinas, deve-se combinar, de forma racional, as qualidades físicas capazes de potencializar a força.

Atividades de autoavaliação

1. Relacione o tipo de força específica à modalidade correspondente:

    I. Força máxima
    II. Força de resistência
    III. Força de velocidade

    ( ) Arremesso de dardo – atletismo
    ( ) Canoagem de velocidade
    ( ) Chute do *taekwondo*

    Agora, assinale a alternativa que apresenta a sequência correta de preenchimento dos parênteses, de cima para baixo:

    a) II, III, I.
    b) I, II, III.
    c) III, I, II.
    d) III, II, I.
    e) II, I, III.

2. Suponha que você precisa estruturar a sessão de um atleta corredor de rua no sentido de propiciar-lhe ganhos de força e manutenção de massa magra. Assinale a alternativa que apresenta a combinação correta de qualidades físicas na mesma sessão de treinamento para esse objetivo:

   a) Força de resistência com exercícios intervalados – corrida de 5 km.
   b) Força máxima – corrida de 5 km.
   c) Corrida de 5 km – força máxima.
   d) Corrida de 20 km – natação.
   e) LPO – flexibilidade ativa.

3. O preparador físico de um atleta mesatenista desenvolveu uma sessão de treinamento de força da seguinte forma após alongamento e aquecimento:

   - movimentos de arranque: cabo de madeira com saída do cabo à altura do quadril – lentamente, três séries de 15 repetições – correções técnicas genéricas;
   - movimentos de arranque com a barra: saída da barra à altura do quadril – lentamente, três séries de 15 repetições – correções técnicas genéricas;
   - movimentos de arranque com a barra, mais carga de 5 kg em cada lado: saída da barra à altura do quadril – lentamente, três séries de dez repetições – correções técnicas genéricas.

   Assinale a alternativa que relaciona o período em que essa sessão se encaixa e a justificativa para tal:

   a) Período de competição, pela baixa quantidade de repetições.
   b) Período de preparação específico, pela da forma do movimento aplicado à modalidade do atleta.
   c) Período de transição, em razão das altas cargas.
   d) Período de competição, em virtude da redução drástica da intensidade.
   e) Período de preparação geral, por causa da falta da forma do movimento aplicado à modalidade do atleta.

4. No início de um período de preparação específico, um tenista foi colocado em um regime de trabalho de força, com movimentos que se assemelham aos realizados em partida – forma esportiva – com previsibilidade ambiental. Para isso, o atleta realizou exercícios isométricos em polias e elásticos. Considerando o exposto, indique a seguir a alternativa que define corretamente a opção por esses exercícios:

a) Os exercícios de força podem ser benéficos para o tenista, devido à especificidade da forma e do conteúdo.
b) Os exercícios podem ser prejudiciais para o tenista, mas se encontram no período correto para esse tipo de trabalho.
c) Os exercícios de força podem ser benéficos para o tenista, em razão do correto momento de aplicabilidade no período destacado.
d) Os exercícios de força podem ser prejudiciais à *performance* do tenista, por causa da possibilidade de redução de velocidade, além de não condizerem com o período destacado.
e) Os exercícios de força para o tenista servem somente para protegê-lo de lesões.

5. Imagine que, sendo preparador físico da seleção de judô da categoria infantil de sua cidade, você é o responsável pela distribuição de todo o processo de treinamento, planejamento, execução e acompanhamento. Contudo, em virtude da especificidade da modalidade, você precisa inicialmente optar pelo tipo de orientação das qualidades físicas a serem desenvolvidas pelos atletas, uma vez que, além da preparação física, os atletas desenvolvem seus treinos técnicos. Com base nisso, assinale a alternativa que indica a melhor condução das ações:

a) Orientação seletiva, pela característica cíclica do judô e das variáveis dos movimentos.
b) Orientação complexa, pela característica acíclica do judô e das variáveis dos movimentos.
c) Orientação seletiva, pela possibilidade de se combinar mais tipos de qualidades e mais formas de força.

d) Orientação complexa, pela possibilidade de se combinar mais tipos de qualidades e mais formas de força.

e) Orientação complexa pela impossibilidade de se combinar mais tipos de qualidades e formas de força

⦀ Atividades de aprendizagem

Questões para reflexão

1. Reflita sobre o precesso de montagem de uma sessão de treinamento para o trabalho de força geral para um esqueitista. Como essa sessão deve ser montada e o que é preciso levar em consideração para oferecer, de fato, uma melhora no desempenho do esportista?

2. Como deve ser elaborada uma sessão de treinamento aeróbico para um atleta lutador de jiu-jítsu sem restrições que esteja no período preparatório geral?

Atividade aplicada: prática

1. Escolha uma modalidade de esporte individual de sua preferência. Liste as principais variáveis para a análise das necessidades da força na modalidade escolhida. Considere:
   - quais grupos musculares devem ser treinados;
   - quais fontes básicas de energia devem ser treinadas;
   - que tipo de ação muscular deve ser treinada;
   - quais são os principais locais de lesão para esse esporte;
   - quais são as necessidades específicas para força muscular, hipertrofia, resistência, potência, velocidade, agilidade, flexibilidade, composição corporal, equilíbrio e coordenação.

Capítulo 6

Metodologia do treinamento de resistência para os esportes individuais

Embora a resistência possa ser observada em vários formatos, ela está atrelada à capacidade de suportar, aguentar, manter. Esse tipo de característica é a essência do esporte, tanto pelo viés físico quanto pelo cognitivo, especialmente nas modalidades individuais, em que a resistência pode definir centésimos de segundos, um ponto ou um nocaute.

Reconhecendo essa importância, neste capítulo, abordaremos os aspectos do treinamento de resistência para os esportes individuais.

6.1 Definição, características e aplicabilidade da qualidade física resistência

Resistência pode ser definida como a capacidade de suportar a fadiga gerada pela manifestação da força, do condicionante anaeróbio lático ou do condicionante aeróbio. Portanto, a capacidade de suportar a fadiga proporcionada pelo recrutamento dessas qualidades físicas determina a resistência específica.

Platonov (2008, p. 486) refere-se à resistência como "a capacidade de realizar o exercício eficazmente, superando a fadiga".

Já Gomes (2009, p. 93) menciona que a resistência diz respeito a um "trabalho psicofísico prolongado mantendo os parâmetros musculares de dado movimento".

A capacidade de resistência é condicionada diretamente pela aptidão em suportar, de forma eficiente, as atividades de cada mecanismo energético, os quais estão descritos a seguir:

- **Anaeróbio alático** – Utilização das reservas de fosfogênios presentes na musculatura em atividade. É a via de maior potência, mas de duração mais curta.
- **Anaeróbio lático** – Quando há dissociação anaeróbia do glicogênio com praticamente nenhuma ou pouca participação de O_2 e formação de lactato. A partir de 30 s até 5 min, essa via é a predominante.
- **Aeróbio** – Via oxidação, com a utilização direta do O_2, hidratos de carbono e gorduras. Trata-se da principal via para o trabalho prolongado.

Portanto, a capacidade de se manter eficiente em períodos relativamente extensos em cada espécie de sistema energético determina a resistência esportiva. Platonov (2008) divide a resistência em geral e específica. Nas seções a seguir, especificaremos cada uma delas.

6.2 Resistência geral

A resistência geral se vincula à capacidade de manter um trabalho de longa duração a fim de permanecer por mais tempo em rendimento ótimo. A partir disso, há necessidade de treinar para resistir a longos volumes de treinamento e obter uma rápida recuperação.

Nesse sentido, deve-se levar em consideração que o desenvolvimento desse tipo de resistência não pode concorrer com as qualidades especiais da modalidade. Por exemplo: o desenvolvimento da resistência aeróbia para um atleta de MMA não deve competir com a velocidade e a força. Por isso, a correta orientação das cargas, associada à escolha dos melhores momentos para o desenvolvimento dessas qualidades, é essencial.

A resistência geral também pode ser desenvolvida pela capacidade anaeróbica lática, respeitando-se os mesmos critérios de desenvolvimento – ou seja, evitar que essa qualidade concorra com as qualidades especiais das modalidades desportivas. Assim, o desenvolvimento da resistência geral deve ser preconizado no período preparatório geral, quando as qualidades físicas de base devem ser priorizadas.

Como exemplo, podemos citar um atleta de corrida longa que esteja em seu período de preparação geral. Sabemos que o condicionante especial de sua modalidade é a resistência aeróbia, ou seja, quanto mais tempo ele puder manter uma alta frequência de passada, melhor será sua *performance*. Contudo, esse período também precisa abranger o desenvolvimento da via glicolítica.

O contrário também se aplica. Considere, agora, um atleta corredor de provas de 800 m. A via principal é a anaeróbia lática. Todavia, no período preparatório geral, torna-se necessário o desenvolvimento da via aeróbia.

6.2.1 Variáveis para o treinamento da resistência geral

De modo geral, a resistência geral deve ser pensada com diversas possiblidades de desenvolvimento, bem como por meio de vários protocolos, com a particularidade de não precisar acompanhar a forma da modalidade. Isso quer dizer que os movimentos não precisam necessariamente condizer com a tarefa motora. Por exemplo: que a resistência geral de uma atleta de MMA pode ser desenvolvida com corridas longas, hidroginástica, exercícios na bicicleta etc.

Um bom exemplo de variável para o treinamento da resistência geral é a utilização do *deep water running* (DWR) (Figuar 6.1).

Figura 6.1 *Deep water running* (DWR)

Wallenrock/Shutterstock

No entanto, Machado e Denadai (2000, p. 21), em pesquisa para a averiguação dos efeitos dessa prática no limiar anaeróbio na corrida de pista, sugerem que "a transferência dos efeitos do treinamento do DWR só é eficiente para aumentar a capacidade aeróbia na corrida para indivíduos sedentários.

Platonov (2008) aponta que modalidades com tempo de duração entre 15 a 20 s precisam ter um total de 20% de treinamento de resistência aeróbia no macrociclo e 20% de resistência anaeróbia lática. Já para atividades entre 20 a 45 s, são necessários 25% de atividades de caráter aeróbio e 30% de caráter anaeróbio lático. Por sua vez, para atividades entre 45 a 120 s, prescreve-se que 40% correspondam ao caráter aeróbio, e 25% ao caráter anaeróbio lático. Por fim, a partir de 3 min, aumenta-se progressivamente a quantidade de trabalho aeróbico até 80%, com redução progressiva do trabalho anaeróbio lático.

Recentemente, muitos atletas aderiram à pratica do *cross training*, acreditando que ele gera efeitos benéficos de transferência de qualidades físicas para suas modalidades. Contudo, poucos materiais acadêmicos podem ser encontrados sobre os efeitos desses protocolos. Logo, podemos assegurar que qualquer afirmação a respeito desses benefícios ainda pode ser precipitada.

6.3 Resistência específica

A resistência especial ou específica diz respeito ao tipo de resistência característica da modalidade. Seu desenvolvimento se caracteriza por um grande uso de elementos motores similares aos da atividade competitiva.

Trata-se, assim, da capacidade de realizar a tarefa de forma ótima, superando a fadiga nas condições específicas da modalidade. Geralmente, é condicionada pela realidade da modalidade treinada. No caso de um atleta faixa preta de jiu-jítsu, por exemplo, a resistência específica se refere à capacidade de se manter em alta *performance* ao longo dos 10 min de atividade competitiva e, também, durante a disputa de um campeonato.

Nesse sentido, são utilizadas diversas ações motoras especiais à modalidade competitiva, para que o atleta tenha a vivência prática das ações a serem executadas em um ambiente de competição. Dessa forma, o desenvolvimento de atividades na forma da modalidade se faz fundamental. Por exemplo, para o atleta de jiu-jítsu recém-mencionado, as estratégias de desenvolvimento da resistência especial podem se concentrar em lutas (rolas) divididas de cinco a seis tempos de 3 min, com a troca de parceiros ao fim de cada tempo. Assim, o atleta treinado sempre lutará com parceiros descansados. Uma variável importante para aumentar a intensidade dos treinamentos de resistência especial em atletas lutadores é a utilização de parceiros de treinos mais fortes para os *sparrings*, com duração de 15 a 18 min de luta sem pausa.

Outra característica do treino de resistência especial é o treino com o volume de tempo superior ao tempo da competição, especialmente no período específico de periodização. Segundo Platonov (2008, p. 490), isso permite "aumentar a economicidade do trabalho, formar a coordenação racional dos movimentos e das funções vegetativas e aperfeiçoar o aspecto psíquico".

A mesma lógica serve para atletas de modalidades cíclicas, como corrida e natação. A exigência da superação de percursos maiores do que o planejado para a competição principal como forma de desenvolvimento da resistência especial é uma característica desse treinamento.

Além disso, o desenvolvimento da resistência específica também pode ser obtido por meio de outros protocolos não específicos da modalidade. Corredores, nadadores, ciclistas e remadores atualmente recorrem a exercícios de alta intensidade e curta duração (HIIT) para o desenvolvimento do VO_2máx A esse respeito, Driller et al. (2009) declaram que o efeito do treinamento de HIIT sobre remadores pode permitir um aumento do VO_2máx. de forma a potencializar o treinamento convencional.

6.3.1 Ferramentas para o desenvolvimento da resistência especial

Como a intenção primordial do desenvolvimento da resistência é ajudar o atleta a superar as variáveis de sua modalidade, muitos cientistas e preparadores físicos que conhecem a fundo a realidade dos sistemas de treinamento e de competições criaram aparelhos que permitem aumentar a treinabilidade das sessões de resistência especial, mantendo a forma motriz da atividade competitiva.

No caso de nadadores, dois aparelhos se destacam. O primeiro é o paraquedas (Figura 6.2), que cria uma resistência significativa ao nado, permitindo, além do desenvolvimento da resistência, o desenvolvimento da força de braçada. Evidentemente, cabe ao preparador escolher o tamanho correto do material, bem como o volume do treinamento para direcionar a força ou a resistência.

Figura 6.2 Utilização de paraquedas de natação

Outra opção são as bombas geradoras de correnteza (Figura 6.3), as quais fazem o atleta potencializar seu nado com grande volume em um espaço reduzido, uma vez que não necessita de grandes espaços para o treinamento.

Figura 6.3 Exemplo de utilização de bomba geradora de correnteza

Alexey Shmul/Shutterstock

Para um atleta que precisa treinar a resistência especial em situações de travessia, por exemplo, esse equipamento simula ou até ultrapassa o volume exigido em sua competição. Outra característica do aparelho permitir simular correntezas, levando o atleta a aumentar, inclusive, a intensidade das braçadas.

6.4 Periodização do treinamento de resistência

A perspectiva geral do treinamento de resistência na periodização do treinamento segue as características dos macrociclos, segundo as quais, no período preparatório geral, deve-se concentrar a resistência geral, e no período de preparação específica, a resistência especial.

Nesse sentido, é fundamental diferenciar as resistências geral e especial para cada modalidade. Por exemplo, em atletas corredores fundistas, a resistência aeróbica é especial e essencial; no entanto, a resistência anaeróbica é uma qualidade importante, mas a ser desenvolvida apenas na fase geral de preparação.

No entanto, curiosamente os treinamentos contínuos realizados de forma específica para a modalidade não mais contribuem eficazmente para o aumento do VO_2máx. nem do limiar anaeróbio, como explicam Domingos et al. (2007, p. 5):

> A utilização do método contínuo de intensidade moderada é talvez o elemento mais comum nos programas de treinamento de RA, todavia este tipo de método parece ser ineficaz para a melhoria do desempenho de fundistas de elite, já que não promove aumentos nem no VO_2 máx. e nem no LA.

Assim, o treinamento intervalado ou HIIT contribui de forma significativa para o desenvolvimento do VO_2máx., uma vez que, em relação ao método intervalado, sua utilização é bastante eficaz quando os estímulos são realizados em intensidade superior à velocidade do limiar anaeróbio (Domingos et al., 2007).

Isso sugere que os treinamentos intervalados são excelentes alternativas para o trabalho de resistência no período de preparação geral, pois fogem ao padrão da competição e desenvolvem o VO_2máx. essencial da modalidade.

Outra realidade muito observada diz respeito ao já mencionado *cross training* para o desenvolvimento da resistência em diversas modalidades de esportes individuais. Por sua característica generalista, esse modelo de treinamento pode ser incluído no período preparatório geral de diversas modalidades.

Isso significa que o período de preparação geral da periodização precisa levar o atleta a suportar longas cargas de treinamento ao longo do ano. Para isso, o volume deve ser priorizado, sendo que o desenvolvimento da resistência aeróbia representa um fator fundamental de treinamento para essa finalidade. De acordo com Platonov (2008, p. 554), uma "atenção especial é dedicada à ação seletiva sobre a capacidade de ressíntese aeróbia e anaeróbia de ATP" (Platonov, 2008). Como uma síntese do exposto, Caputo et al. (2009, p. 94) sugerem que

Dependendo da duração da modalidade que se compete, os treinos deverão objetivar uma melhora do $VO_2máx$., capacidade anaeróbia lática e tolerância à acidose, para as competições mais curtas, capacidade aeróbia para durações intermediárias e a melhora da capacidade de estocar glicogênio e aumentar a utilização de gordura, nas modalidades muito prolongadas.

Essa ponderação reafirma a importância das combinações racionais de qualidades, intensidades e volumes no planejamento do treino do atleta.

6.5 Sessões de treinamento da qualidade física resistência

Nesta seção, identificaremos as possibilidades de prescrição das sessões de treinamento para atletas de modalidades de esportes individuais dispostas na litertura, subdividindo as apresentações por quaidades físicas.

6.5.1 Resistência aeróbia

Em virtude de suas bases funcionais, que podem contribuir para a grande maioria das outras qualidades, a resistência aeróbia é uma das principais qualidades físicas a serem desenvolvidas por grande parte dos atletas de modalidades individuais e coletivas, de forma geral ou específica, direta ou indireta.

Até mesmo modalidades individuais acíclicas podem se beneficiar indiretamente da resistência aeróbia, especialmente por conta de sua contribuição no processo de recuperação. Entretanto, uma supervalorização dessa qualidade em modalidades que não a contemplem como específica pode ser prejudicial.

Existem duas importantes formas de desenvolver a resistência aeróbia: mediante o treinamento contínuo e/ou o treinamento intervalado. Ambas são significativas e, para cada tipo de treinamento, há formas diferentes de desenvolvimento.

O treinamento intervalado propicia um aumento do volume sistólico principalmente nas pausas que o seguem. Assim, a fim de que seja vantajoso para o desenvolvimento do condicionamento aeróbio, ele precisa:

- durar entre 1 a 2 min em alta intensidade;
- ter pausas de 45 a 90 s;
- a frequência cardíaca precisa estar entre 170 a 180 bpm no final do exercício;
- a frequência cardíaca precisa estar entre 120 a 130 bpm no final das pausas.

De acordo com Platonov (2008), dois importantes direcionamentos ocorrem ao se desenvolver o treinamento intervalado:

1. aumento das capacidades funcionais do coração;
2. estímulo ao desenvolvimento do metabolismo anaeróbio glicolítico.

Por sua vez, algumas interessantes adaptações do organismo acontecem com esse tipo de treinamento. Elas se referem a aumentos:

- da lipólise;
- da disponibilização dos ácidos graxos na musculatura;
- das reservas de triglicerídeos na musculatura;
- do fornecimento de energia;
- da densidade e da quantidade dos capilares;
- da quantidade e do tamanho das mitocôndrias.

Por seu turno, o método contínuo é uma das formas mais tradicionais de desenvolvimento da resistência aeróbia. É também um dos mais eficientes, especialmente por se aplicar à maioria das modalidades desportivas individuais, que cobram essa qualidade de forma direta.

Nesse sentido, a escolha da intensidade e do volume de trabalho precisa ser orientada de acordo com a modalidade do atleta. Por exemplo:

- Aumentar a capacidade aeróbia pelo aumento das reservas de glicogênio nos músculos, mediante exercícios com duração entre 30 a 45 min.

- Aumento da capacidade dos processos aeróbicos e necessidade de mobilização dos triglicerídeos nos músculos e no tecido adiposo em associação com as reservas de carboidratos; utilização dos ácidos graxos para energia; diminuição do consumo de glicose; aumento da capacidade de trabalho das mitocôndrias, mediante exercícios com duração entre 3 a 4 h.

É importante recordarmos que a afirmação de que existe um método melhor que outro é superficial, mas supervalorizar treinamentos contínuos é prejudicial, pois pode resultar em enfraquecimento muscular e em redução das capacidades anaeróbias.

Por isso, a combinação dos métodos contínuo e intervalado deve ser valorizada no processo de preparação da resistência aeróbia nos esportes individuais.

6.5.2 Resistência anaeróbia alática

Os processos anaeróbios aláticos dizem respeito às atividades com duração curta, de 10 a 12 s em indivíduos não treinados, e entre 12 e 25 s em alta intensidade em indivíduos treinados.

Tradicionalmente, são comuns os trabalhos em alta intensidade e com essa duração de tempo em modalidades como corrida de 100 m rasos e natação de 50 m.

Logo, convém salientarmos que geralmente os atletas dessas modalidades competem mais de uma vez por dia. Portanto, necessitam de boas reservas e de boa recuperação de adenosina trifosfato (ATP) e creatina-fosfato (CP).

Assim, a mobilização dessas reservas pode advir tanto do trabalho da potência quanto da capacidade de geração dos processos aláticos. *Grosso modo*, os exercícios mais curtos, com duração entre 5 e 10 s em alta intensidade, sugerem o desenvolvimento da potência; já os exercícios de 30 a 90 s geram o aumento da capacidade de mobilização dos processos anaeróbios aláticos próximo ao esgotamento das reservas de ATP/CP.

Curiosamente, há um processo de transferência entre o treinamento da mobilização dos processos anaeróbios aláticos para a via glicolítica. De acordo com Platonov (2008), os treinamentos que mobilizam e quase depletam completamente as reservas de ATP/CP também representam meios eficazes de aumentar a potência do processo anaeróbio lático.

Em outras palavras, qualquer sorte de movimento vigoroso e explosivo permite observar a via anaeróbia alática em andamento. Algumas modalidades apresentam indiretamente essa característica. É o caso dos golpes de punho ou de chutes nas lutas, das projeções no judô e dos golpes na esgrima. Logo, a capacidade de mobilização dessas reservas também é essencial, especialmente em se tratando de modalidades fundamentalmente anaeróbias láticas, nas quais o atleta, pela natureza de sua modalidade, já está mobilizando as reservas glicolíticas e necessita, para um rápido movimento, recrutar suas reservas de ATP/CP. Um exempo dessa aplicação são atividades de alta intensidade com períodos relativamente longos de pausa.

6.5.2.1 Resistência anaeróbia lática

A resistência anaeróbia lática se relaciona à mobilização das reservas de glicogênio. Seu subproduto é o ácido lático. No entanto, há não muito tempo anda se acreditava que o ácido lático era um importante indicador de fadiga, em virtude de suas altas concentrações após exercícios de alta intensidade. Mas tal afirmação mostrou-se inverídica, como registra Pereira (2011, p. 40):

Ficou esclarecido na literatura que a principal via de produção de H+ na musculatura (ocasionando a queda de pH, e provavelmente um dos mecanismos de fadiga) seria a própria hidrólise do ATP. A produção de lactato, através da ação da enzima lactato desidrogenase, na realidade contribuiria para a não acidificação intramuscular..

O ácido lático produzido após exercícios de alta intensidade não reduz as capacidades contráteis da musculatura e não causa acidose. Sobre isso, Robergs, Ghiasvand e Parker (2004) defendem que não há suporte bioquímico que confirme que o lactato cause a acidose, mas sua produção o retarda.

Todavia, geralmente, quanto maior for a intensidade do exercício, maior será a concentração de lactato no sangue. Entretanto, ele aparece na corrente sanguínea por ser um produto da via glicolítica, e não um causador de fadiga.

Nesse caso, seu aparecimento na corrente sanguínea após exercícios de alta intensidade, durante muitos anos, levou pesquisadores a acreditar que ele seria um causador de fadiga, isto é, o responsável pela fadiga muscular pós-exercícios de alta intensidade – o que se revelou uma mera coincidência.

Controversamente, portanto, o lactato é um produto da via energética glicolítica que produz energia. Bertuzzi et al. (2009) observaram que a relação entre o aumento da concentração de lactato e a fadiga pode ser casual. Isso demonstra que o lactato é apenas um indicativo do quanto a via glicolítica está sendo requerida.

Outro exemplo é sua utilização como substrato energético, conforme indica Gladden (2004, p. 40, tradução nossa): "a remoção do sangue seria um indicativo da capacidade de reutilização deste como substrato energético para tecidos como o fígado, o coração e fibras do tipo I".

Para o desenvolvimento da via glicolítica, os exercícios de alta intensidade e curta duração são os mais requeridos. No caso, a literatura prega um volume de 30 a 60 s por exercício, com séries variando de modo que o total de trabalho atinja entre 5 e 6 min, com pausas que podem variar entre 15 a 60 s para praticantes.

Já para atletas de alto rendimento, o volume de trabalho pode aumentar com 30 a 40 exercícios de 30 s didividos de 6 a 12 séries, ou 20 a 30 exercícios de 60 s divididos de 3 a 6 séries (Platonov, 2008).

Nesse caso, os exercícios podem variar conforme o período do treinamento em que o atleta se encontra, bem como pelas características motrizes da atividade específica do praticante. Para indivíduos saudáveis não atletas, o treinamento dessa via pode se caracterizar pela infinidade de movimentos possíveis de serem realizados, inclusive em espaços relativamente curtos de tempo.

⦙⦙ Síntese

Neste capítulo, comentamos que a palavra *resistência* tem um significado muito amplo, e que ao ser aplicada ao esporte pode se referir a algumas variáveis distintas, no entanto, com potencial alto de transferência.

Detalhamos os três tipos de vias que no esporte condicionamos à resistência: anaeróbia alática, anaeróbia lática e aeróbia. Para cada tipo de via recrutada, há modelos específicos de treinamento de resistência e com possibilidades adaptativas diferentes.

Além disso, abordamos que o processo para o desenvolvimento da resistência envolve a ampliação das resistências geral e específica. Evidenciamos, ainda, os melhores períodos para o desenvolvimento de cada uma delas, partindo do princípio da periodização do treinamento.

Por fim, acompanhamos as características da evolução de alguns aparelhos, que são ferramentas de uso muito peculiares que permitem simular cargas para o desenvolvimento de um treinamento de resistência.

III Atividades de autoavaliação

1. Relacione o tipo de resistência à modalidade correspondente:
   I. Anaeróbio lático
   II. Aeróbio
   III. Anaeróbio alático
   ( ) 5 km
   ( ) Golpe de punho (soco)
   ( ) 800 m de corrida em pista

   Agora, assinale a alternativa que apresenta a sequência correta de preenchimento dos parênteses, de cima para baixo:
   a) I, II, III.
   b) II, I, III.
   c) III, I, II.
   d) III, II, I.
   e) I, III, II.

2. Determinada atleta de natação especializada em 50 m livre está voltando de uma lesão ligamentar. Ela ficou um ano sem treinar. Inevitavelmente, sua porcentagem de gordura corporal aumentou consideravelmente. Partindo-se da ideia de que ela pretende voltar a competir, qual seria a melhor orientação de um treino para a resistência aeróbia para as três primeiras semanas do período preparatório geral?
   a) Treino aeróbio contínuo.
   b) Treino aeróbio intervalado.
   c) Treino aeróbio combinado.
   d) Treinos de corrida.
   e) Treino de corrida contínuo.

3. No período específico, o preparador físico está desenvolvendo com seu atleta nadador atividades de saída de bloco. No conteúdo, ele cobra o tempo de resposta com saídas rápidas e

recuperação de cada saída de aproximadamente 1 min para iniciar a próxima saída. Ao todo, o atleta realiza 15 saídas de bloco. Sob essa ótica, assinale a alternativa correta:

a) Evidencia-se o recrutamento predominante da via anaeróbia lática, por conta da alta intensidade cobrada nas saídas.
b) Evidencia-se o recrutamento predominante da via aeróbia, pelo alto volume e da baixa intensidade cobrada nas saídas.
c) Evidencia-se o recrutamento predominante da via anaeróbia alática, tendo em vista a alta intensidade cobrada na saída de bloco e bom tempo de recuperação.
d) Evidencia-se o recrutamento predominante da via anaeróbia lática, em razão da baixa intensidade e do alto volume.
e) Evidencia-se o recrutamento predominante da via aeróbia, em virtude da alta intensidade das saídas.

4. No sentido de potencializar o VO_2 máx. de um triatleta, no processo de planejamento o técnico compreendeu a necessidade de variar as qualidades de resistência. Nesse sentido, em algumas sessões de treinamento do período de preparação de geral, são desenvolvidos exercícios de corrida, natação e ciclismo, com 45 s por exercício em alta intensidade e pausas de 20 s por exercício, chegando a 4 min no total de uma série. Nessa perspectiva, assinale a seguir a alternativa que indica o tipo de resistência predominante desenvolvida:

a) Anaeróbia lática.
b) Anaeróbia alática.
c) Aeróbia.
d) Aeróbia e alática.
e) Aeróbia e anaeróbia lática.

5. Karnincic et al. (2009) propuseram um interessante estudo comparativo entre dois grupos de lutadores de *wrestling*: um grupo de atletas de elite (EW) e o outro formado por lutadores

de nível amador (CW). Observe os resultados obtidos pelos autores na Tabela A, a seguir:

Tabela A Resultados coletados por Karcinic et al. (2009)

Variáveis	EW (N = 10)	CW (N = 10)
Lactato antes da luta	2,61 (0,58)	2,63 (0,51)
Lactato após 1º assalto	8,60 (2,15)	11,83 (2,18)
Lactato após 2º assalto	11,82 (1,58)	13,16 (3,23)
Lactato ao fim da luta	12,55 (1,80)	13,23 (1,47)

EW: atletas de elite; CW: atletas amadores; *p < 0,05 para diferenças entre grupos; p < 0,001 e diferenças significativas entre lactato antes da luta e lactato depois do 1º assalto; p < 0,001 e diferenças significativas entre lactato depois do 1º assalto e lactato depois do 1º assalto;

Fonte: Karnincic et al., 2009, p. 18, tradução nossa.

Considerando o exposto, assinale a alternativa correta:

a) Os lutadores menos proficientes (CW) utilizam maior grau de energia da glicólise anaeróbica do que das vias de energia aeróbica, elevando mais rapidamente as concentrações de lactato em comparação com os lutadores mais experientes (EW).

b) Os lutadores mais experientes (EW) utilizam maior grau de energia da glicólise anaeróbica do que das vias de energia aeróbica, elevando mais rapidamente as concentrações de lactato em comparação com lutadores menos proficientes (CW).

c) Os lutadores menos proficientes (CW) utilizam maior grau de energia aeróbia anaeróbica do que das vias de energia anaeróbias, elevando mais rapidamente as concentrações de lactato em comparação com os lutadores mais experientes (EW).

d) Os lutadores menos proficientes (CW) e os lutadores mais experientes (EW) utilizam a glicólise anaeróbica na mesma proporção.

e) O perfil de ácido lático não pode ser utilizado como indicador para diferenciar atletas de níveis diferentes.

Atividades de aprendizagem

Questões para reflexão

1. A mobilização da via glicolítica é essencial para modalidades como o MMA. Como preparador físico de um atleta dessa modalidade, quais exercícios possíveis você poderia escolher? Em sua reflexão, considere o tempo de exercício e o tempo de intervalo.

2. Quais seriam as variáveis a serem consideradas para se montar uma sessão de treinamento aeróbio intervalado para um ciclista que esteja no período de preparação geral?

Atividade aplicada: prática

1. Procure uma assessoria esportiva e pergunte para o profissional de Educação Física responsável pelo planejamento dos treinamentos como ele estrutura as atividades de resistência de seus atletas. Para isso, observe:

   - se há diferenças entre as resistências geral e específica;
   - o volume total despendido em cada tipo de treinamento de resistência;
   - se existem variações entre treinos contínuos e intervalados.

   Em seguida, elabore um relatório em que exponha as respostas do profissional enrevistado e as considerações que você fez.

Considerações finais

Quando ousamos entrar no campo do esporte, tendemos a cair em algumas armadilhas, especialmente naquelas em que a prática da intervenção profissional nos coloca, ou seja: Como aplicar os conhecimentos vinculados às práticas esportivas em diferentes modalidades?

O profissional de Educação Física que se ocupará das modalidades desportivas individuais precisa reconhecer que o fenômeno esportivo ultrapassa a tarefa de decorar processos bioquímicos, estruturas anatômicas, datas históricas, teorias sociológicas ou regras. Assim, o trabalho com o treinamento esportivo demanda a habilidade em criar sinergia entre os conhecimentos e colocá-los em ação de forma racional, complexa e original.

Sob essa ótica, ao longo deste livro, evidenciamos que o processo de preparação para modalidades individuais guarda suas especificidades, tanto na perspectiva do processo de preparação quanto na visão do sistema de competições. Portanto, sistematizar treinamentos com base na tentativa e erro pode ser prejudicial.

Nesse sentido, demonstramos que o profissional de Educação Física que trabalhará com modalidades desportivas individuais necessita de uma preparação completa e complexa que abranja elementos jurídicos, legais, burocráticos, fisiológicos, históricos e do treinamento. Somente depois de compreender a associação desses elementos à prática da intervenção profissional é que o profissional pode começar a pensar em treinar o atleta.

A prática esportiva é complexa, assim como são o ser humano e a sociedade. O desporto de rendimento é a manifestação plena dessa complexidade, pois representa a exigência do ser humano em seu ápice de *performance*, sob a prerrogativa de orientar o atleta para o melhor desempenho possível.

Dessa forma, a proposta deste livro foi instrumentalizar o futuro profissional de Educação Física que ficará responsável pelo trabalho com modalidades esportivas individuais, de modo que ele perceba que, embora seja árduo, esse trabalho é muito gratificante.

Referências

ALMEIDA, H. F. R.; ALMEIDA, D. C. M.; GOMES, A. C. Uma ótica evolutiva do treinamento desportivo através da história. **Revista de Treinamento Desportivo**, v. 1972, p. 40-52, 2000.

ALMEIDA, T. T. de; JABUR, M. N. Mitos e verdades sobre flexibilidade: reflexões sobre o treinamento de flexibilidade na saúde dos seres humanos. **Motricidade**, v. 3, n. 1, p. 337-344, 2007. Disponível em: <http://www.scielo.mec.pt/pdf/mot/v3n1/v3n1a08.pdf>. Acesso em: 5 ago. 2020.

ALTMAN, I. **The Environment and Social Behavior**: Privacy, Personal Space, Territory, and Crowding. Monterey: Brooks, 1975.

ÁLVAREZ, G. R.; GRIGOLETTO, M. E. da S.; MANSO, J. M. G. **Manual de levantamento de peso olímpico na preparação física**. São Paulo: Ícone, 2017.

ASTORINO, T. A. et al. Effect of High-Intensity Interval Training on Cardiovascular Function, VO2max, and Muscular Force. **The Journal of Strength & Conditioning Research**, v. 26, n. 1, p. 138-145, Jan. 2012. Disponível em:<https://journals.lww.com/nsca-jscr/Fulltext/2012/01000/Effect_of_High_Intensity_Interval_Training_on.18.aspx>. Acesso em: 5 ago. 2020.

ASTORINO, T. A. et al. Increased Cardiac Output and Maximal Oxygen Uptake in Response to Ten Sessions of High Intensity Interval Training. **The Journal of Sports Medicine and Physical Fitness**, v. 58, n. 1-2, p. 164-171, Jan./Feb. 2018.

AZEVEDO, L. F. et al. Características cardíacas e metabólicas de corredores de longa distância do ambulatório de cardiologia do esporte e exercício, de um hospital terciário. **Arquivos Brasileiros de Cardiologia**, v. 88, n. 1, p. 17-25, 2007. Disponível em: <https://www.scielo.br/pdf/abc/v88n1/a03v88n1.pdf>. Acesso em: 5 ago. 2020.

BARBANTI, V. O que é esporte? **Revista Brasileira de Atividade Física & Saúde**, v. 11, n. 1, p. 54-58, 2006. Disponível em: <https://rbafs.org.br/RBAFS/article/view/833/840>. Acesso em: 3 ago. 2020.

BARBANTI, V. J.; TRICOLI, V.; UGRINOWITSCH, C. Relevância do conhecimento científico na prática do treinamento físico. **Revista Paulista de Educação Física**, v. 18, n. esp., p. 101-109, ago. 2004. Disponível em: <http://files.cursoeducacaofisica.webnode.com/200000070-7e7a97f6e9/Relevancia%20do%20Treinamento%20Desportivo.pdf>. Acesso em: 3 ago.2020.

BARROSO, R.; TRICOLI, V.; UGRINOWITSCH, C. Adaptações neurais e morfológicas ao treinamento de força com ações excêntricas. **Revista Brasileira de Ciência e Movimento**, v. 13, n. 2, p. 111-122, 2005. Disponível em: <https://portalrevistas.ucb.br/index.php/RBCM/article/view/632/643>. Acesso em: 7 ago. 2020.

BARTELS, M. N.; BOURNE, G. W.; DWYER, J. H. High-Intensity Exercise for Patients in Cardiac Rehabilitation after Myocardial Infarction. **Physical Medicine and Rehabilitation**, v. 2, n. 2, p. 151-155, Feb. 2010.

BERTUZZI, R. C. et al. Metabolismo do lactato: uma revisão sobre a bioenergética e a fadiga muscular. **Revista Brasileira de Cineantropometria e Desempenho Humano**, v. 11, n. 2, p. 226-234, 2009. Disponível em: <https://www.biologia.bio.br/curso/1%C2%BA%20per%C3%ADodo%20Faciplac/Artigo_Metabolismo%20do%20lactato.pdf>. Acesso em: 7 ago. 2020.

BEZEM, L. S.; BEZEM, S. S. Lesões em atletas de Ironman. **Revista Brasileira de Prescrição e Fisiologia do Exercício**, v. 3, n. 14, p. 110-117, mar./abr. 2009. Disponível em: <http://www.rbpfex.com.br/index.php/rbpfex/article/view/151/154>. Acesso em: 5 ago. 2020.

BLOOM, B. S. **Developing Talent in Young People**. New York: Ballentine, 1985.

BOMPA, T. O. **Periodização no treinamento esportivo**. Barueri: Manole, 2001.

BRACHT, V. **Sociologia crítica do esporte**: uma introdução. Vitória: Ufes, 1997.

BRAGANHOLO, W.; OKAZAKI, V. H. A. Capacidades limitadas de processar informações: Lei de Hick. In: EPCC – ENCONTRO INTERNACIONAL DE PRODUÇÃO CIENTÍFICA CESUMAR, 6., 27 a 30 de outubro de 2009, Maringá. 2009. Disponível em: <https://www.unicesumar.edu.br/epcc-2009/wp-content/uploads/sites/77/2016/07/willian_braganholo.pdf>. Acesso em: 7 ago. 2020

BRASIL. Constituição (1988). **Diário Oficial da União**, Brasília, DF, 5 out. 1988. Disponível em: <http://www.planalto.gov.br/ccivil_03/constituicao/constituicao.htm>. Acesso em: 3 ago. 2020.

BRASIL. Decreto-Lei n. 526, de 1 de julho de 1938. **Diário Oficial da União**, Poder Executivo, Rio de Janeiro, RJ, 5 jul. 1938a. Disponível em: <https://www2.camara.leg.br/legin/fed/declei/1930-1939/decreto-lei-526-1-julho-1938-358396-publicacaooriginal-1-pe.html>. Acesso em: 3 ago. 2020.

BRASIL. Decreto-Lei n. 527, de 1 de julho de 1938. **Diário Oficial da União**, Poder Executivo, Rio de Janeiro, RJ, 5 jul. 1938b. Disponível em: <https://www2.camara.leg.br/legin/fed/declei/1930-1939/decreto-lei-527-1-julho-1938-358395-publicacaooriginal-1-pe.html>. Acesso em: 3 ago. 2020.

BRASIL. Decreto-Lei n. 1.056, de 19 de janeiro de 1939. **Diário Oficial da União**, Poder Executivo, Rio de Janeiro, RJ, 21 jan. 1939. Disponível em: <https://www2.camara.leg.br/legin/fed/declei/1930-1939/decreto-lei-1056-19-janeiro-1939-349204-publicacaooriginal-1-pe.html>. Acesso em: 3 ago. 2020.

BRASIL. Decreto-Lei n. 3.199, de 14 de abril de 1941. **Diário Oficial da União**, Poder Executivo, Rio de Janeiro, RJ, 16 abr. 1941. Disponível em: <http://www.planalto.gov.br/ccivil_03/Decreto-Lei/1937-1946/Del3199.htm>. Acesso em: 3 ago. 2020.

BRASIL. Lei n. 91, de 28 de agosto de 1935. **Diário Oficial da União**, Poder Executivo, Rio de Janeiro, RJ, 4 set. 1935. Disponível em: <http://www.planalto.gov.br/ccivil_03/LEIS/1930-1949/L0091.htm>. Acesso em: 4 ago. 2020.

BRASIL. Lei n. 378, de 13 de janeiro de 1937. **Diário Oficial da União**, Poder Legislativo, Rio de Janeiro, RJ, 15 jan. 1937. Disponível em: <http://www.planalto.gov.br/ccivil_03/leis/1930-1949/L0378.htm>. Acesso em: 4 ago. 2020.

BRASIL. Lei n. 8.672, de 6 de julho de 1993. **Diário Oficial da União**, Poder Legislativo, Brasília, DF, 7 jul. 1993. Disponível em: <http://www.planalto.gov.br/ccivil_03/leis/l8672.htm>. Acesso em: 3 ago. 2020.

BRASIL. Lei n. 9.615, de 24 de março de 1998. **Diário Oficial da União**, Poder Legislativo, Brasília, DF, 25 mar. 1998a. Disponível em: <http://www.planalto.gov.br/ccivil_03/leis/l9615consol.htm>. Acesso em: 3 ago. 2020.

BRASIL. Lei n. 9.696, de 1 de setembro de 1998. **Diário Oficial da União**, Poder Legislativo, Brasília, DF, 2 set. 1998b. Disponível em: <http://www.planalto.gov.br/ccivil_03/leis/L9696.htm>. Acesso em: 3 ago. 2020.

BRASIL. Lei n. 11.438, de 29 de dezembro de 2006. **Diário Oficial da União**, Poder Legislativo, Brasília, DF, 29 dez. 2006. Disponível em: <http://www.planalto.gov.br/ccivil_03/_Ato2004-2006/2006/Lei/L11438.htm>. Acesso em: 4 ago. 2020.

BRASIL. Lei n. 13.155, de 4 de agosto de 2015. **Diário Oficial da União**, Poder Legislativo, Brasília, DF, 5 ago. 2015. Disponível em: <http://www.planalto.gov.br/ccivil_03/_ato2015-2018/2015/lei/l13155.htm>. Acesso em: 3 ago. 2020.

BRASIL. Ministério do Esporte. **Calendário Esportivo Nacional**: início. Disponível em: <http://portal.esporte.gov.br/snear/cdn/>. Acesso em: 3 ago. 2020.

BRAUER, A. et al. **Esportes de combate**: a ciência no treinamento de atletas de MMA. Curitiba: Juruá, 2019.

BRUM, P. C. et al. Adaptações agudas e crônicas do exercício físico no sistema cardiovascular. **Revista Paulista de Educação Física**, v. 18, n. esp., p. 21-31, ago. 2004. Disponível em: <http://www.luzimarteixeira.com.br/wp-content/uploads/2009/09/arquivo-adaptacoes-musculares-ao-exercicio-fisico.pdf>. Acesso em: 5 ago. 2020.

CAPUTO, F. et al. Exercício aeróbio: aspectos bioenergéticos, ajustes fisiológicos, fadiga e índices de desempenho. **Revista Brasileira de Cineantropometria e Desempenho Humano**, v. 11, n. 1, p. 94-102, 2009. Disponível em: <https://www.researchgate.net/publication/273717964_Exercicio_aerobio_Aspectos_bioenergeticos_ajustes_fisiologicos_fadiga_e_indices_de_desempenho#:~:text=full%2Dtext%20PDF-,Exerc%C3%ADcio%20aer%C3%B3bio%3A%20Aspectos%20bioenerg%C3%A9ticos%2C%20ajustes%20fisiol%C3%B3gicos%2C,fadiga%20e%20%C3%ADndices%20

de%20desempenho&text=http%3A%2F%2Fdx.doi.org,e%20 treinamento%20dos%20esportes%20aer%C3%B3bios.>. Acesso em: 7 ago. 2020.

CARMO, E. C. do et al. Estratégia de corrida em média e longa distância: como ocorrem os ajustes de velocidade ao longo da prova? **Revista Brasileira de Educação Física e Esporte**, v. 26, n. 2, p. 351-363, abr./jun. 2012. Disponível em: <https://www.scielo.br/pdf/rbefe/v26n2/16.pdf>. Acesso em: 6 ago. 2020.

CARMO, E. C. do et al. Risco de fadiga prematura, percepção subjetiva de esforço e estratégia de prova durante uma corrida de 10 km. **Revista Brasileira de Educação Física e Esporte**, v. 29, n. 2, p. 197-205, 2015. Disponível em: <https://www.scielo.br/pdf/rbefe/v29n2/1807-5509-rbefe-29-02-00197.pdf>. Acesso em: 6 ago. 2020.

CARUSO, J. F. et al. Time Course Changes in Contractile Strength Resulting from Isokinetic Exercise and β Agonist Administration. **Journal of Strength and Conditioning Research**, v. 11, p. 8-13, 1997.

CARVALHO, A. et al. **O que é metodologia científica**. Marília: Fundação Unimed, 2007.

CARVALHO, E. R. de. **Desenvolvimento de uma câmara de hipóxia normobárica para estudos em fisiologia humana**. 149 f. Dissertação (Mestrado em Engenharia) – Pontifícia Universidade Católica do Rio Grande do Sul, Porto Alegre, 2015. Disponível em: <http://tede2.pucrs.br/tede2/handle/tede/6499>. Acesso em: 6 ago. 2020.

CHANDLER, T. J.; BROWN, L. E. **Treinamento de força para o desempenho humano**. Porto Alegre: Artmed, 2009.

CHAOUACHI, A. et al. Effect of Ramadan intermittent fasting on aerobic and anaerobic performance and perception of fatigue in male elite judo athletes. **The Journal of Strength & Conditioning Research**, v. 23, n. 9, p. 2702-2709, Dec. 2009. Disponível em: <https://opus.lib.uts.edu.au/bitstream/10453/9666/1/2008008432OK.pdf>. Acesso em: 26 maio 2020.

CHELLADURAI, P. Leadership in Sport. In: SILVA, J. M.; WEINBERG, R. S. (Org.). **Psychological Foundations of Sport**. Champaign: Human Kinetics, 1984. p. 329-339.

CORRÊA, E. A. et al. A constituição dos cursos de formação inicial em Educação Física no Brasil. **Revista Brasileira de Ciência e Movimento**, v. 24, n. 1, p. 27-42, 2015. Disponível em: <https://portalrevistas.ucb.br/index.php/RBCM/article/view/6039/4258>. Acesso em: 3 set. 2020.

CORREA, S. M. de S. Colonialismo, germanismo e sociedades de ginástica no sudoeste africano. **Recorde: Revista de História do Esporte**, v. 5, n. 2, p. 1-20, jul./dez. 2012. Disponível em: <https://revistas.ufrj.br/index.php/Recorde/article/view/695/638>. Acesso em: 6 ago. 2020.

CÔTÉ, J. et al. The Coaching Model: a Grounded Assessment of Expert Gymnastic Coaches' Knowledge. **Journal of Sport and Exercise Psychology**, v. 17, p. 1-17, 1995. Disponível em: <https://pdfs.semanticscholar.org/46d1/73ccd8784a65db8ba4fe981483b7bf404015.pdf>. Acesso em: 6 ago. 2020.

COURNEYA, K. S.; CARRON, A. V. Effects of Travel and Length of Home Stand/Road Trip on tie Home Advantage. **Journal of Sport and Exercise Psychology**, v. 13, n. 1, p. 42-49, 1991.

COURNEYA, K. S.; CARRON, A. V. The Home Advantage in Sport Competitions: a Literature Review. **Journal of Sport and Exercise Psychology**, v. 14, n. 1, p. 13-27, 1992.

D'ASSUNÇÃO, W. et al. Respostas cardiovasculares agudas no treinamento de força conduzido em exercícios para grandes e pequenos grupamentos musculares. **Revista Brasileira de Medicina do Esporte**, v. 13, n. 2, p. 118-122, mar./abr. 2007. Disponível em: <https://www.scielo.br/pdf/rbme/v13n2/10.pdf>. Acesso em: 5 ago. 2020.

DANTAS, E. H. M. **A prática da preparação física**. 5. ed. Rio de Janeiro: Sprint, 2003.

DAOLIO, J. Jogos esportivos coletivos: dos princípios operacionais aos gestos técnicos-modelo pendular a partir das idéias de Claude Bayer. **Revista Brasileira de Ciência e Movimento**, v. 10, n. 4, p. 99-104, out. 2008. Disponível em: <https://portalrevistas.ucb.br/index.php/RBCM/article/view/478/503>. Acesso em: 7 ago. 2020.

DAOLIO, J.; VELOZO, E. L. A técnica esportiva como construção cultural: implicações para a pedagogia do esporte. **Pensar a prática**, v. 11, n. 1, p. 9-16, jan./jul. 2008. Disponível em: <https://www.revistas.ufg.br/fef/article/view/1794/3614>. Acesso em: 7 ago. 2020.

DE ROSE Jr, D. A competição como fonte de estresse no esporte. **Revista Brasileira de Ciência e Movimento**, v. 10, n. 4, p. 19-26, out. 2002. Disponível em: <https://portalrevistas.ucb.br/index.php/RBCM/article/view/466/492>. Acesso em: 6 ago. 2020.

DEL VECCHIO, F. B. et al. Análise morfofuncional de praticantes de Brazilian jiu-jitsu e estudo da temporalidade e da quantificação das ações motoras na modalidade. **Movimento e Percepção**, v. 7, n. 10, p. 263-281, jan./jun. 2007. Disponível em: <http://ferramentas.unipinhal.edu.br/movimentoepercepcao/viewarticle.php?id=114&layout=abstract>.Acesso em: 5 ago. 2020.

DEL VECCHIO, F. B.; GALLIANO, L.; COSWIG, V. Aplicações do exercício intermitente de alta intensidade na síndrome metabólica. **Revista Brasileira de Atividade Física & Saúde**, v. 18, n. 6, p. 669-669, nov. 2013. Disponível em: <https://rbafs.org.br/RBAFS/article/view/3302/pdf129>. Acesso em: 5 ago. 2020.

DESCARTES, R. **Discurso do método**. Tradução de Paulo Neves. Porto Alegre: L&PM, 2009.

DIAS, S. B. C. D.; OLIVEIRA, E. B.; BRAUER Jr, A. G. B. **Teoria e prática do treinamento para MMA**. São Paulo: Phorte, 2017.

DOMINGOS, A. M. et al. **Periodização do treinamento para corredores de rua especialistas em provas de dez quilômetros**. 32 f. Trabalho de Conclusão de Curso (Especialização em Treinamento Desportivo) – Universidade Gama Filho, Rio de Janeiro, 2007. Disponível em: <http://www.educadores.diaadia.pr.gov.br/arquivos/File/2010/artigos_teses/EDUCACAO_FISICA/monografia/Domingos_et.al_Monografia.pdf>. Acesso em: 7 ago. 2020.

DRILLER, M. W. et al. The Effects of High-Intensity Interval Training in Well-Trained Rowers. **International Journal of Sports Physiology and Performance**, v. 4, n. 1, p. 110-121, 2009.

DUNKEL-SCHETTER, C.; BENNETT, T. L. Differentiating the Cognitive and Behavioral Aspects of Social Support. In: SARASON; B. R.; SARASON, I. G.; PIERCE, G. R. (Ed.). **Wiley Series on Personality Processes**: Social Support – An Interactional View. New York: John Wiley & Sons, 1990. p. 267-296.

ERICSSON, K. A.; KRAMPE, R.; TESCH-RÖMER, C. The Role of Deliberate Practice in the Acquisition of Expert Performance. **Psychological Review**, Washington, v. 3, n. 100, p. 363-406, 1993.

FLECK, S. J.; KRAEMER, W. J. **Fundamentos do treinamento de força muscular**. Porto Alegre: Artmed, 2017.

FONTOURA, A. S.; FORMENTIN, C. M.; ABECH, E. A. **Guia prático de avaliação física**: uma abordagem didática, abrangente e atualizada. São Paulo: Phorte, 2011.

FRANCHINI, E. et al. **Judô**: desempenho competitivo. Barueri: Manole, 2001.

FRANCHINI, E.; STERKOWICZ, S. Tática e técnica no judô de alto nível (1995-2001): considerações sobre as categorias de peso e os gêneros. **Revista Mackenzie de Educação Física e Esporte**, v. 2, n. 2, p. 125-138, 2003. Disponível em: <http://editorarevistas.mackenzie.br/index.php/remef/article/view/1356/1052>. Acesso em: 7 ago. 2020.

GEEN, R. G. Alternative Conceptions of Social Facilitation. In: PAULUS, P. B. (Ed.). **Psychology of Group Influence**. 2. ed. Hillsdale: Erlbaum, 1989. p. 15-51.

GELLER, C. A. **Efeitos do treinamento hipóxico intermitente sobre variáveis hematológicas e capacidade de performance**. 132 f. Tese (Doutorado em Ciência do Movimento Humano) – Universidade Federal de Santa Maria, Santa Maria, 2005. Disponível em: <https://repositorio.ufsm.br/bitstream/handle/1/3297/Tese%20Cesar%20Geller.pdf?sequence=1&isAllowed=y>. Acesso em: 6 ago. 2020.

GENTIL, P. et al. Efeitos agudos de vários métodos de treinamento de força no lactato sanguíneo e características de cargas em homens treinados recreacionalmente. **Revista Brasileira de Medicina do Esporte**, v. 12, n. 6, p. 303-307, nov./dez. 2006. Disponível em: <https://www.scielo.br/pdf/rbme/v12n6/a01v12n6.pdf>. Acesso em: 5 ago. 2020.

GENTILE, A. Skill acquisition: action, movement and neuromotor process. In: CARR, J. H.; SHEPHERD, R. (Ed.). **Movement Science**: foundation for physical therapy in rehabilitation. Rockville: Aspen, 1987. p. 93-154.

GLADDEN, L. B. Lactate Metabolism: a New Paradigm for the Third Millennium. **The Journal of Physiology**, v. 558, n. 1, p. 5-30, 2004.

GOMES, A. C. **Treinamento desportivo**: estruturação e periodização. Porto Alegre: Artmed, 2009.

GONZÁLEZ, F. J. Sistema de classificação dos esportes. In. REZER, R. (Org.). **O fenômeno esportivo**: ensaios crítico-reflexivos. Chapecó: Argos, 2006. p. 111-121.

GUTTMANN, A. **From ritual to record**: The nature of modern sports. New York: Columbia University Press, 2004.

HAK, P. T.; HODZOVIC, E.; HICKEY, B. The Nature and Prevalence of Injury during CrossFit Training. **Journal of Strength and Conditioning**

Research, Nov. 2013.

HETTINGER, T.; MÜLLER, E. A. Muskelleistung und muskeltraining. **Arbeitsphysiologie**, v. 15, n. 2, p. 111-126, 1953.

HORI, N. et al. Does Performance of Hang Power Clean Differentiate Performance of Jumping, Sprinting, and Changing of Direction? **Journal of Strength and Conditioning Research**, v. 22, n. 2, p. 412-418, Mar. 2008. Disponível em: <https://elitetrack.com/article_files/weightliftingathleticenhancement.pdf>. Acesso em: 7 ago. 2020.

HORI, N. et al. Weightlifting Exercises enhance Athletic Performance that Requires High Load Speed Strength. **Strength and Conditioning Journal**, v. 27, n. 4, n. 27, p. 50-55, Aug. 2005. Disponível em: <https://www.researchgate.net/publication/5305987_Does_Performance_of_Hang_Power_Clean_Differentiate_Performance_of_Jumping_Sprinting_and_Changing_of_Direction>. Acesso em: 7 ago. 2020.

JANSSON, E.; KAIJSER, L. Muscle Adaptation to Extreme Endurance Training in Man. **Acta Physiologica Scandinavica**, v. 100, n. 3, p. 315-324, Jul. 1977.

JORGE, S. R.; SANTOS, P. B dos; STEFANELLO, J. M. F. O cortisol salivar como resposta fisiológica ao estresse competitivo: uma revisão sistemática. **Revista da Educação Física/UEM**, v. 21, n. 4, p. 677-686, 2010. Disponível em: <http://periodicos.uem.br/ojs/index.php/RevEducFis/article/download/9053/6772/0>. Acesso em: 7 ago.2020.

KARNINCIC, H. et al. Lactate profile during Greco-Roman wrestling matchx. **Journal of Sports Science & Medicine**, v. 8, n. CSSI3, p. 17-19, 2009.

KRAEMER, W. J. A Series of Studies: the Physiological Basis for Strength Training in American Football – Fact over Philosophy. **The Journal of Strength & Conditioning Research**, v. 11, n. 3, p. 131-142, Aug. 1997. Disponível em: <https://journals.lww.com/nsca-jscr/Abstract/1997/08000/A_Series_of_Studies_The_Physiological_Basis_for.1.aspx>. Acesso em: 6 ago. 2020

LAKEY, B.; DREW, J. B. A Social-Cognitive Perspective on Social Support. In: PIERCE, G. R.; LAKEY, B.; SARASON, I. G. (Ed.). **Sourcebook of Social Support and Personality**. Boston: Springer, 1997. p. 107-140.

LIMA, E. V. et al. Estudo da correlação entre a velocidade de reação motora e o lactato sanguíneo, em diferentes tempos de luta no judô. **Revista Brasileira de Medicina do Esporte**, v. 10, n. 5, p. 339-343, set./out., 2004.

LÔBO, I. L.; MORAES, L. C.; NASCIMENTO, E. Processo de validação da escala de comportamento de treinadores: versão atleta (ECT-A). **Revista Brasileira de Educação Física e Esporte**, São Paulo, v. 19, n. 3, p. 255-265, jul./set. 2005. Disponível em: <http://www.revistas.usp.br/rbefe/article/view/16600/18313>. Acesso em: 6 ago. 2020.

MACHADO, C. N. et al. Efeito do exercício nas concentrações séricas de creatina cinase em triatletas de ultradistância. **Revista Brasileira de Medicina do Esporte**, v. 16, n. 5, p. 378-381, 2010. Disponível em: <https://www.scielo.br/pdf/rbme/v16n5/v16n5a12.pdf>. Acesso em: 4 ago. 2020.

MACHADO, F. A.; DENADAI, B. S. Efeito do treinamento de Deep Water Running no limiar anaeróbio determinado na corrida em pista de indivíduos sedentários. **Revista Brasileira de Atividade Física & Saúde**, v. 5, n. 2, p. 17-22, 2000. Disponível em: <https://rbafs.org.br/RBAFS/article/view/996/1148>. Acesso em: 7 ago. 2020.

MAGILL, R. A. **Aprendizagem motora**: conceitos e aplicações. São Paulo: Blücher, 2008.

MARQUES Jr., N. K. Modelos de periodização para os esportes. **Revista Brasileira de Prescrição e Fisiologia do Exercício (RBPFEX)**, v. 5, n. 26, p. 143-163, mar./abr., 2011. Disponível em: <http://www.rbpfex.com.br/index.php/rbpfex/article/view/315/315>. Acesso em: 7 ago. 2020.

MARQUES Jr., N. K. Periodização do treino. **Educação Física em Revista**, v. 6, n. 2, 2012. Disponível em: <https://portalrevistas.ucb.br/index.php/efr/article/view/3166/2093>. Acesso em: 7 ago. 2020.

MARQUES Jr., N. K. **Sugestão de uma periodização para o voleibol "amador" de duplas na areia masculino**. 185 f. Monografia (Especialização em Treinamento Desportivo) – Universidade Gama Filho, Rio de Janeiro, 2005. Disponível em: <http://www.educadores.diaadia.pr.gov.br/arquivos/File/2010/artigos_teses/EDUCACAO_FISICA/monografia/volei_de_dupla.pdf>. Acesso em: 7 ago. 2020.

MARX, J. O. et al. Low-Volume Circuit versus High-Volume Periodized Resistance Training in Women. **Medicine & Science in Sports & Exercise**, v. 33, n. 4, p. 635-643, 2001.

MATSUDO, S. M.; MATSUDO, V. K. R.; BARROS NETO, T. L. Atividade física e envelhecimento: aspectos epidemiológicos. **Revista Brasileira de Medicina do Esporte**, v. 7, n. 1, p. 2-13, 2001. Disponível em: <https://www.scielo.br/pdf/rbme/v7n1/v7n1a02.pdf>. Acesso em: 26 maio 2020.

MATVEEV, L. P. **Fundamentos del entrenamiento deportivo**. [S.l.]: Lib Deportivas Esteban Sanz, 1985.

MATVEEV, L. P. **Fundamentos do treinamento esportivo**. Moscou: Fizcultura e Sport, 1977. MATVEEV, L. P. **Preparação desportiva**. Londrina: Centro de Informações Desportivas, 1996.

MATVEEV, L. P. **Teoria general del entrenamiento deportivo**. Barcelona: Paidotribo, 2001.

MAUSS, M. **Ensaios de sociologia**. São Paulo: Perspectiva, 2009.

MELO, V. A. de.**Por uma história do conceito esporte**: diálogos com Reinhart Koselleck. Revista Brasileira de Ciências do Esporte, v. 32, n. 1, p. 41-57, 2010. Disponível em: <https://www.scielo.br/pdf/rbce/v32n1/v32n1a04.pdf>. Acesso em: 3 ago. 2020.

MENDES, R.; BARATA, J. L. T. Exercício aeróbio e pressão arterial no idoso. **Revista Portuguesa de Medicina Geral e Familiar**, v. 24, n. 2, p. 251-257, 2008. Disponível em: <https://www.rpmgf.pt/ojs/index.php/rpmgf/article/view/10480/10216>. Acesso em: 5 ago. 2020.

MIAKINCHENKO, E. B.; CHESTOKOV, M. P. **Aerobica**: teorii i motologiizaniatii. Moscou: Division, 2006.

MIARKA, B. Demandas técnico-táticas e fisiológicas de combates da luta olímpica. **Revista de Artes Marciais Asiáticas**, v. 11, n. 1, p. 18-31, enero/jun. 2016. Disponível em: <https://www.researchgate.net/publication/303999635_Demandas_tecnico-taticas_e_fisiologicas_de_combates_da_luta_olimpica/fulltext/57b1bf9308ae0101f17a4c65/Demandas-tecnico-taticas-e-fisiologicas-de-combates-da-luta-olimpica.pdf>. Acesso em: 5 ago. 2020.

MIRA, C. M. Exercício físico e saúde: da crítica prudente. In: BAGRICHEVSKY, M.; PALMA, A.; ESTEVÃO, A. (Org.). **A saúde em debate na Educação Física**. Blumenau: Edibes, 2003. p. 169-188.

MIRANDA, M. L. **Respostas psicofisiológicas na arbitragem do judô**: efeitos da experiência dos árbitros e do nível das competições. 132 f. Tese (Doutorado em Educação Física) – Universidade de São

Paulo, São Paulo, 2015. Disponível em: <https://teses.usp.br/teses/disponiveis/39/39134/tde-16042012-171729/publico/Dissertacao_corrigida_MarioMiranda.pdf>. Acesso em: 6 ago. 2020.

MORAES, L. C. C. et al. Escala do comportamento do treinador: versão treinador (ECT-T) e versão atleta (ECT-A): o que o treinador diz é confirmado pelos seus atletas? **Revista Brasileira de Educação Física e Esporte**, v. 24, n. 1, p. 37-47, jan./mar. 2010. Disponível em: <https://www.scielo.br/pdf/rbefe/v24n1/v24n1a04.pdf>. Acesso em: 6 ago. 2020.

MORITANI, T.; DE VRIES, H. A. Neural Factors versus Hypertrophy in the Time Course of Muscle Strength Gain. **American Journal of Physical Medicine**, v. 58, n. 3, p. 115-130, Jun. 1979. Disponível em: <https://journals.lww.com/ajpmr/Citation/1979/06000/Neural_Factors_Versus_Hypertrophy_in_the_Time.1.aspx>. Acesso em: 7 ago. 2020.

O'BRYANT, H. S.; BYRD, R.; STONE, M. H. Cycle Ergometer Performance and Maximum Leg and Hip Strength Adaptations to Two Different Methods of Weight-Training. **The Journal of Strength & Conditioning Research**, v. 2, n. 2, p. 27-30, May. 1988. Disponível em: <https://journals.lww.com/nsca-jscr/Abstract/1988/05000/Cycle_Ergometer_Performance_and_Maximum_Leg_and.3.aspx>. Acesso em: 6 ago. 2020.

OLIVEIRA, A. L. B.; SEQUEIROS, J. L. da S.; DANTAS, E. H. M. Estudo comparativo entre o modelo de periodização clássica de Matveev e o modelo de periodização por blocos de Verkhoshanski. **Fitness & performance journal**, v. 4, n. 6, p. 358-362, nov./dez. 2005. Disponível em: <https://dialnet.unirioja.es/servlet/articulo?codigo=2953105>. Acesso em: 7 ago. 2020.

OMS – Organização Mundial da Saúde. **Folha Informativa n. 385**. Fev. 2014. Disponível em: <http://actbr.org.br/uploads/arquivo/957_FactSheetAtividadeFisicaOMS2014_port_REV1.pdf>. Acesso em: 3 ago. 2020.

PAES, R. R. Pedagogia do esporte: contextos, evolução e perspectivas. **Revista Brasileira de Educação Física e Esporte**, São Paulo, v. 20, n. 5, p. 171, set. 2006. Disponível em: <http://citrus.uspnet.usp.br/eef/uploads/arquivo/48_Anais_p171.pdf>. Acesso em: 3 ago. 2020.

PALLOTTA, M.; HERDIES, D. L.; GONÇALVES, L. G. G. de. Estudo das condições de tempo e conforto térmico no desempenho esportivo aplicado à maratona da cidade do Rio de Janeiro. **Revista Brasileira de Meteorologia**, v. 30, n. 2, p. 223-240, 2015.

PARLEBAS, P. **Juego deporte y sociedad**: Léxico de praxiología motriz. Barcelona: Paidotribo, 2001. Disponível em: <https://www.researchgate.net/publication/277964473_Estudo_das_condicoes_de_tempo_e_conforto_termico_no_desempenho_esportivo_aplicado_a_maratona_da_cidade_do_Rio_de_Janeiro>. Acesso em: 6 ago. 2020.

PEREIRA, E. F. B. B.; BORGES, A. C. Influência da corrida como exercício aeróbio na melhora do condicionamento cardiorrespiratório. **Revista Estudos Vida e Saúde - EVS**, v. 33, n. 4, 7/8 p. 573-588, 2006. Disponível em: <http://seer.pucgoias.edu.br/index.php/estudos/article/view/139/105>. Acesso em: 5 ago. 2020.

PEREIRA, R. F. et al. Cinética de remoção de lactato em atletas de Brazilian Jiu-jitsu. **Revista Brasileira de Prescrição e Fisiologia do Exercício**, v. 5, n. 25, p. 34-44, 2011. Disponível em: <http://www.rbpfex.com.br/index.php/rbpfex/article/view/300/301>. Acesso em: 7 ago. 2020.

PIMENTA, T. F. F.; MARCHI JR, W. Processo civilizador e as artes marciais coreanas: possíveis aproximações. In: SIMPÓSIO INTERNACIONAL PROCESSO CIVILIZADOR, X., 2007, Campinas.

PLATONOV, V. N. **Tratado geral de treinamento desportivo**. São Paulo: Phorte, 2008.

PORCARI, J. P. et al. Effect of Wearing the Elevation Training Mask on Aerobic Capacity, Lung Function, and Hematological Variables. **Journal of Sports Science & Medicine**, v. 15, n. 2, p. 379-386, Jun. 2016. Disponível em: <https://www.ncbi.nlm.nih.gov/pmc/articles/PMC4879455/pdf/jssm-15-379.pdf>. Acesso em: 6 ago. 2020.

RIBEIRO, W. C.; LOBATO, W.; LIBERATO, R. de C. Paradigma tradicional e paradigma emergente: algumas implicações na educação. **Ensaio Pesquisa em Educação em Ciências**, v. 12, n. 1, p. 27-42, jan./abr. 2010. Disponível em: <https://www.scielo.br/pdf/epec/v12n1/1983-2117-epec-12-01-00027.pdf>. Acesso em: 3 ago. 2020.

ROBERGS, R. A.; GHIASVAND, F.; PARKER, D. Biochemistry of Exercise-Induced Metabolic Acidosis. **American Journal of Physiology-Regulatory, Integrative and Comparative Physiology**, v. 287, n. 3, p. R502-R516, 2004. Disponível em: <https://pdfs.

semanticscholar.org/39d7/4741472c67d6f66e672de92bccc d7ae84034.pdf?_ga=2.66219566.1245443392.1596813403-335630690.1596813403>. Acesso em: 7 ago. 2020.

ROSCHEL, H.; TRICOLI, V.; UGRINOWITSCH, C. Treinamento físico: considerações práticas e científicas. **Rev. Bras. Educ. Fís. Esporte**, São Paulo, v. 25, p. 53-65, dez. 2011. Disponível em: <https://www.scielo.br/pdf/rbefe/v25nspe/07.pdf>. Acesso em: 5 ago. 2020.

RUGIU, A. S. **Nostalgia do mestre artesão**. Campinas: Autores Associados, 1998.

SALMELA, J. H.; MORAES, L. C. Development of Expertise: the Role of Coaching, Families and Cultural Contexts. In: STARKES, J. L.; ERICSSON, A. K. (Org.). **Expert performance in sports**. Champaign: Human Kinetics, 2003. p. 272-291.

SAMPAIO, J.; JANEIRA, M. A vantagem em casa nos jogos desportivos colectivos: revisão da literatura centrada no Basquetebol e no modelo de Courneya e Carron. **Revista Portuguesa de Ciências do Desporto**, v. 2, n. V, p. 235-246, 2005. Disponível em: <http://www.scielo.mec.pt/pdf/rpcd/v5n2/v5n2a12.pdf>. Acesso em: 6 ago. 2020.

SANTANA, S. H.; VALE, T. A. do. Efeitos do levantamento olímpico sobre salto contra movimento em esportes de alto nível: um estudo de revisão. **Revista Brasileira do Esporte Coletivo**, v. 2, n. 1, p. 13-20, 2018. Disponível em: <https://periodicos.ufpe.br/revistas/esportecoletivo/article/view/236451/29100>. Acesso em: 7 ago. 2020.

SCHMIDT, R. A.; WRISBERG, C. A. **Aprendizagem e performance motora**: uma abordagem da aprendizagem baseada na situação. Porto Alegre: Artmed, 2010.

SELUIANOV, V. N.; DIAS, S. B. C.; ANDRADE, S. L. F. **Musculação**. Curitiba: Juruá, 2009.

SELYE, H. **Stress**: a tensão da vida. São Paulo: Ibrasa, 1959.

SHIRAEV, T.; BARCLAY, G. Evidence Based Exercise: Clinical Benefits of High Intensity Interval Training. **Australian Family Physician**, v. 41, n. 12, p. 960-962, Dec. 2012. Disponível em:<file:///C:/Users/Users/Downloads/ShiraevBarclay-EvidenceBasedExerciseClinicalBenefitsof HighIntensityIntervalTraining.pdf>. Acesso em: 5 ago. 2020.

SILVA, B. V. C. da et al. Brazilian Jiu-Jitsu: aspectos do desempenho. **Revista**

Brasileira de Prescrição e Fisiologia do Exercício, v. 6, n. 31, p. 195-200, 2012. Disponível em: <http://www.rbpfex.com.br/index.php/rbpfex/article/view/376/364>. Acesso em: 5 ago. 2020.

SILVEIRA, D. R. **Processo de validação da escala de comportamento de treinadores: versão treinador (ECT-T)**. 128 f. Dissertação (Mestrado em Treinamento Esportivo) – Escola de Educação Física, Fisioterapia e Terapia Ocupacional, Universidade Federal de Minas Gerais, Belo Horizonte, 2005.

SOUSA SANTOS, B. de. **Um discurso sobre as ciências**. São Paulo: Cortez, 2018.

SPORTSLAB. **Avaliação e treino isocinético**. Disponível em: <https://www.sportslab.com.br/servicos/avaliacao-e-treino-isocinetico>. Acesso em: 3 jun. 2020.

STEINHAUS, A. H. Some Selected Facts from Physiology and the Physiology of Exercise Applicable to Physical Rehabilitation. **Study Group on Body Mechanics**, Washington, Sept. 1954.

TORRES, S. F. **Perfil epidemiológico de lesões no esporte**. 96 f. Dissertação (Mestrado em Engenharia de Produção) – Universidade Federal de Santa Catarina, Santa Catarina, 2004. Disponível em: <https://repositorio.ufsc.br/xmlui/bitstream/handle/123456789/87120/224591.pdf?sequence=1&isAllowed=y>. Acesso em: 7 ago. 2020.

TUBINO, M. **As teorias da Educação Física e do esporte**. Barueri: Manole, 2002.

TUBINO, M. **Metodologia científica do treinamento desportivo**. Rio de Janeiro: Shape, 2003.

TUBINO, M. **O que é esporte**. São Paulo: Brasiliense, 2017.

UCHIDA, M. C. et al. Efeito de diferentes protocolos de treinamento de força sobre parâmetros morfofuncionais, hormonais e imunológicos. **Revista Brasileira de Medicina do Esporte**, v. 12, n. 1, p. 21-26, jan./fev. 2006. Disponível em: <https://www.scielo.br/pdf/rbme/v12n1/v12n1a05.pdf>. Acesso em: 5 ago. 2020.

UMPIERRE, D.; STEIN, R. Efeitos hemodinâmicos e vasculares do treinamento resistido: implicações na doença cardiovascular. **Arquivos Brasileiros de Cardiologia**, v. 89, n. 4, p. 256-262, 2007. Disponível em: <https://www.scielo.br/pdf/abc/v89n4/a08v89n4.pdf>. Acesso em: 5 ago. 2020.

VASCONCELOS-RAPOSO, J. **Explorando as limitações do conceito de ansiedade no desporto**. Aleu: Revista de Desporto da UTAD, v. 2, p. 47-66, 2000.

VERKHOSHANSKY, Y. V. Capacidades de força. In: VERKHOSHANSKY, Y. V. **Treinamento desportivo:** teoria e metodologia. Porto Alegre: Artes Médicas, 2001. p. 163-174.

VIANA-GOMES, D. et al. Respostas agudas e adaptações crônicas no tecido muscular ao treinamento intervalado de alta intensidade: uma abordagem molecular. **Arquivos em Movimento**, v. 12, n. 2, p. 64-79, jul./dez. 2016. Disponível em: <https://revistas.ufrj.br/index.php/am/article/view/11148/pdf_77>. Acesso em: 5 ago. 2020.

WEINECK, J. **Treinamento ideal**. Barueri: Manole, 2003.

XAVIER, A. de A.; LOPES, A. M. da C. Lesões musculoesqueléticas em praticantes de crossfit. **Revista Interdisciplinar Ciências Médicas**, v. 1, n. 1, p. 11-27, 2017. Disponível em: <http://revista.fcmmg.br/ojs/index.php/ricm/article/view/4/2>. Acesso em: 7 ago. 2020.

ZAGATTO, A. M.; CAVALCANTE, W. da S.; MORAES, W. M. de. O uso de máscara contra gases na determinação dos testes de velocidade crítica, 12 minutos, Wingate e RAST. **Revista de Educação Física**, v. 76, n. 139, p. 4-12, Dez. 2007. Disponível em: <http://www.cefise.com.br/anexos_artigos/21/29_O-uso-de-mascara-contra-gases-na-determinacao.pdf>. Acesso em: 6 ago. 2020.

ZAJONC, R. B. Social Facilitation. **Science**, v. 149, n. 3681, p. 269-274, Jul. 1965. Disponível em: <https://www2.psych.ubc.ca/~schaller/Psyc591Readings/Zajonc1965.pdf>. Acesso em: 6 ago.

ZATSIORSKY, V. M.; KRAEMER, W. J. **Ciência e prática do treinamento de força**. 2. ed. São Paulo: Phorte, 2008.

Bibliografia comentada

DIAS, S. B. C. D.; OLIVEIRA, E. B.; BRAUER Jr., A. G. B. **Teoria e prática do treinamento para MMA**. São Paulo: Phorte, 2017.

Referência mais moderna e atualizada sobre uma das modalidades competitivas mais complexas, o MMA, este livro trata desde as especificidades de desenvolvimento físico e técnico até questões volitivas que podem potencializar a performance. A leitura dessa obra permite, mesmo aos neófitos do assunto, compreender as possibilidades do treinamento de atletas de MMA amadores e profissionais.

FLECK, S. J.; KRAEMER, W. J. **Fundamentos do treinamento de força muscular**. Porto Alegre: Artmed, 2017.

Provavelmente, trata-se de uma das referências mais importantes sobre o treinamento de força. Esta obra aborda o desenvolvimento do treinamento de força para diversas possibilidades, constituindo-se como um dos livros mais completos sobre o assunto na atualidade.

PLATONOV, V. N. **Tratado geral de treinamento desportivo**. São Paulo: Phorte, 2008.

Certamente, esta é a melhor indicação de leitura referente ao treinamento desportivo. Além dos aportes convencionais, o autor aborda questões referentes a temáticas como pedagogia do movimento humano, história do esporte, administração esportiva e preparação física. Portanto, é um livro interdisciplinar para todos os profissionais interessados no esporte.

SCHMIDT, R. A.; WRISBERG, C. A. **Aprendizagem e performance motora**: uma abordagem da aprendizagem baseada na situação. Porto Alegre: Artmed, 2010.

Leitura essencial para todos os que se dedicam a preparação, ensino e aprendizagem dos elementos desportivos. Os autores abordam as teorias clássicas e contemporâneas da aprendizagem motora aplicada à *performance* humana e, de forma didática, apresentam-nas com possibilidades de desenvolvimento aplicado.

ZATSIORSKY, V. M.; KRAEMER, W. J. **Ciência e prática do treinamento de força**. 2 ed. São Paulo: Phorte, 2008.

Para além do que a literatura mais tradicional apregoa a respeito do treinamento de força, este livro permite, de forma didática e à luz da teoria, aborda a prática do treinamento de força aplicado aos mais diversos esportes. Trata-se, portanto, uma referência completa sobre a temática.

Respostas

Capítulo 1

Atividades de autoavaliação

1. a
2. c
3. c
4. b
5. b

Atividades de aprendizagem

1. A legislação esportiva atual, em especial a Lei n. 9.615 (Brasil, 1998a), institui as normas gerais para o desporto e suas quatro formas de manifestação: desporto educacional; desporto de participação; desporto de rendimento; e o desporto de formação – este incluído mais recentemente pela Lei n. 13.155 (Brasil, 2015). Essa manifestação desportiva permite evitar possíveis confusões no que se refere ao sistema de preparação e ao sistema competitivo, possibilitando potencializar o respeito às individualidades dos jovens e às suas fases de crescimento e desenvolvimento. Para exemplificar, vamos recorrer ao exemplo de um jovem praticante de atletismo em determinado clube. Sua forma de participação na atividade, bem-documentada e explanada legalmente, aumenta sua segurança, coibindo possíveis exageros e desrespeitos por parte de técnico e comissão.
2. A perspectiva cartesiana foi essencial para a ciência moderna. A necessidade de identificar e decompor as partes de um problema para compreender o todo mantém-se na atualidade. Nesse sentido, para o treinamento de um atleta, é necessário orientar seu sistema de preparação levando

em consideração diversas fases diferenciadas, as quais lhe propiciarão potencializar sua adaptação a longo prazo. A divisão do treinamento em períodos segmentados é um bom exemplo cartesiano. Contudo, a ciência contemporânea, inspirada especialmente nas ciências humanas, acredita que a perspectiva cartesiana aplicada à ciência da formação desportiva é limítrofe. Bons exemplos podem ser dados com metodologias que procuram partir do todo da realidade desportiva em vez de preconizar as partes. Sob essa ótica, considere as lutas: o processo de formação precisa valorizar a imprevisibilidade da prática, bem como a inteligência de luta precisa ser adquirida paralelamente aos padrões motores. Para isso, os jogos de oposição são excelentes ferramentas.

Capítulo 2

Atividades de autoavaliação

1. b
2. b
3. d
4. a
5. c

Atividades de aprendizagem

Questões para reflexão

1. As seis etapas para o desenvolvimento da técnica de uma modalidade esportiva individual podem ser:

   1. **Aumento do volume e da variedade de perícias e de habilidades motoras** – Grande variabilidade de movimentos e muitos padrões motores diferenciados, como saltar, correr e arremessar; criação de um vasto número de cenários para a utilização desses padrões, como saltar sobre plataformas; criação de ambientes com alto grau de imprevisibilidade.
   2. **Garantia de elevada estabilidade e variabilidade racional nos movimentos especializados** – As possibilidades recém-listadas precisam ser pensadas de acordo com o momento do treinamento do atleta; criar variabilidades técnicas próximo à competição principal pode ser prejudicial.

3. **Sucessiva transformação dos procedimentos racionais assimilados em ações competitivas eficazes** – As variáveis recém-listadas precisam ser encaixadas em situações competitivas, pois simulações de jogo e de competições são fundamentais para qua haja a sedimentação da técnica.
4. **Aperfeiçoamento das estruturas dinâmicas e cinemática das ações motoras de acordo com as particularidades do desportista** – Todos os movimentos precisam ser friamente analisados. *Feedbacks* extrínsecos por meio de vídeos com movimentos do atleta em análise comparativa com desportistas mais bem qualificados são importantes.
5. **Aumento da segurança e da eficiência da técnica nas ações em condições competitivas extremas** – A sedimentação técnica precisa ser avaliada em situação competitiva real. A realidade de treino é uma, e a de competição é outra.
6. **Aperfeiçoamento da maestria técnica de acordo com as exigências da prática desportiva e os avanços técnico-científicos** – Além da análise visual, equipamentos de análise de movimento precisam fazer parte do cotidiano do treinamento.

2. Preparamos um quadro demonstrativo da reflexão solicitada para esta atividade:

Qualidades físicas gerais	
Qualidade	**Exercício**
Força geral	LPO
Força de velocidade	Pliometria
Flexibilidade	Exercícios de flexibilidade ativos e passivos
Potência	Exercícios de saídas rápidas
Resistência anaeróbia lática	Circuitos intervalados de alta intensidade e curta duração
Qualidades físicas especiais	
Qualidade	**Exercício**
Resistência aeróbia	Corrida de baixa Intensidade e longa duração
Força de resistência	Exercícios contra resistência de baixa intensidade e alto volume

Capítulo 3

Atividades de autoavaliação

1. d
2. c
3. d
4. b
5. c

Atividades de aprendizagem

Questões para reflexão

1. Na fase de preparação especial, é essencial procurar reproduzir ao máximo a realidade competitiva. Nesse sentido, colocar o atleta para treinar em cidades frias no Brasil é uma possibilidade custosa, mas possível; já, o posicionamento de esteira em câmara fria é uma possibilidade real.
2. Desenvolver a maior quantidade possível de manobras para cada tentativa. Nos intervalos entre uma onda e outra após as braçadas, sua vantagem – a recuperação – poderia ajudar a atleta a se manter competitiva.

Capítulo 4

Atividades de autoavaliação

1. a
2. c
3. a
4. d
5. d

Atividades de aprendizagem

Questões para reflexão

1. O mesociclo estabilizador se caracteriza por uma grande utilização de exercícios competitivos. O microciclo ordinário mantém-se ao longo do tempo entre 60 a 80%. Para ajudá-lo a refletir sobre esta atividade, recorremos ao exemplo de um atleta de MMA. Todos os dias, atletas dessa modalidade precisam se concentrar em atividades próprias da luta e da competição principal. Nesse sentido, pode haver variação no volume de treino, como aumento do tempo de luta em comparação à realidade competitiva. Outra possibilidade é aumentar a intensidade, promovendo lutas com atletas mais pesados, mais fortes, e variando os competidores.

2. O período de preparação geral precisa ser pensado como um momento fundamental para a preparação de todas as qualidades físicas de base, potencializando o processo de transferência.

Capítulo 5

Atividades de autoavaliação

1. b
2. c
3. c
4. d
5. d

Atividades de aprendizagem

Questões para reflexão

1. Resposta pessoal.
2. Podem ser realizados exercícios sem a especificidade da luta, como corridas, natação e/ou circuitos aeróbios.

Capítulo 6

Atividades de autoavaliação

1. c
2. a
3. c
4. a
5. a

Atividades de aprendizagem

Questões para reflexão

1. Exercícios de alta intensidade e curta duração podem ser bem-vindos. No período preparatório geral, é possível promover atividades de corridas ou de subir e descer escadarias. Já no período de preparação especial, é interessante propor exercícios com atividades que envolvam a simulação de combate contra diversos atletas.

Exemplos:

- cinco lutas de 30 s em alta intensidade, com muita movimentação, contra cinco atletas diferentes, sem intervalos para o atleta que está sendo treinado;

- ao final das cinco lutas, intervalo de 1 min e retorno para mais cinco lutas.

2. O tempo de cada exercício, o tempo de cada intervalo e a quantidade de exercícios.

Sobre o autor

Thiago Pimenta é graduado em Educação Física – Licenciatura e Bacharelado – pela Universidade Estadual Paulsta (Unesp), e Graduação em Pedagogia pela Universidade Nove de Julho (Uninove). É especialista em Esporte Escolar pela Universidade de Brasília (UnB), mestre em Sociologia pela Universidade Federal do Paraná (UFPR) e doutor em Ciências da Motricidade pela Unesp.

Além de atleta de *taekwondo*, foi, por mais de dez anos, preparador físico de atletas lutadores e *fitness*. Foi docente na educação básica e no ensino superior, especificamente nas Faculdades Integradas Tietê e na Univeridade Positivo. Atualmente, é professor do Centro Univerisitário Autônomo do Brasil (Unibrasil), em Curitiba, e praticante de jiu-jítsu.

Impressão:
Setembro/2020